AF313176

RÉPUBLIQUE FRANÇAISE

MINISTÈRE DE LA JUSTICE

ÉTABLISSEMENTS POUR MINEURS SOUMIS A L'ÉDUCATION CORRECTIONNELLE

MONOGRAPHIES

DE

LA COLONIE PÉNITENTIAIRE DES DOUAIRES

ET DE

LA COLONIE CORRECTIONNELLE DE GAILLON

MELUN

IMPRIMERIE ADMINISTRATIVE

1913

I

LA CRIMINALITÉ JUVÉNILE

ET LES INSTITUTIONS PÉNITENTIAIRES POUR MINEURS

LA CRIMINALITÉ JUVÉNILE

ET LES INSTITUTIONS PÉNITENTIAIRES POUR MINEURS

Sous les noms *d'écoles de réforme*, *de colonies agricoles, industrielles* ou *maritimes*, *d'écoles de préservation*, *de maisons d'éducation pénitentiaire* ou *correctionnelle*, on compte en France, au 1er janvier 1912, 23 établissements affectés à l'éducation de mineurs soumis à la correction en vertu de jugements rendus par les tribunaux. La loi du 5 août 1850 et le Code pénal modifié en 1906 rangent ces établissements en 3 catégories :

1° Les *colonies pénitentiaires* affectées aux mineurs *acquittés* par application de l'article 66 du Code pénal et aux mineurs *condamnés* de 6 mois à 2 ans de correction, en vertu des articles 67 et 69 ;

2° Les *colonies correctionnelles* qui reçoivent les mineurs condamnés à plus de 2 ans de correction, par application de l'article 67, et les pupilles des colonies pénitentiaires déclarés insubordonnés ;

3° Les *maisons pénitentiaires*, désignation générique des établissements affectés aux filles mineures, acquittées ou condamnées.

Les établissements pénitentiaires de toutes catégories reçoivent depuis le vote de la loi du 28 juin 1904 les pupilles de l'Assistance publique ayant donné « des sujets graves de mécontentement ».

Au 1er janvier 1912, ces 23 établissements forment les groupes suivants :

10 colonies publiques, (8 pénitentiaires et 2 correctionnelles) avec un effectif de 2.921 garçons ;

5 colonies privées (5 pénitentiaires), avec un effectif de 503 garçons ;

3 maisons pénitentiaires publiques, avec un effectif de 746 filles ;

5 maisons pénitentiaires privées, avec un effectif de 153 filles.

La loi attribue à ces institutions tous les mineurs de 16 ans acquittés ou condamnés, et leur réserve les mineurs de 18 ans acquittés seulement.

Ce contingent, fourni par la criminalité juvénile, comprend les éléments les plus divers, depuis l'inoffensif vagabond jusqu'au malfaiteur déjà redoutable ; depuis le simple maraudeur jusqu'au cambrioleur et à l'assassin ; du dévoyé occasionnel, en rupture d'atelier, momentanément réfractaire au travail, au souteneur bien déterminé à vivre « sans se fatiguer ». Toutes les nuances de la criminalité y sont représentées et les « enfants de troupe » de l'armée du crime, ainsi que la chronique des tribunaux nous l'apprend, ne sont ni moins audacieux, ni moins résolus que les « soldats ».

Cet effectif a subi des modifications profondes depuis 40 ans : son importance numérique a baissé, mais ce qu'il a perdu en quantité il semble l'avoir largement gagné en « qualité ». Il serait peut-être osé d'attribuer cette diminution de la population des colonies à une réduction correspondante de la criminalité. Tout indique qu'elle a pour cause l'indulgence des tribunaux et les mesures adoptées, en ces vingt dernières années, pour soustraire à la « maison de correction » les délinquants les plus jeunes et les moins coupables, tous ceux qui sont susceptibles de redressement par d'autres moyens.

La diminution constatée serait plus accusée encore si, en élevant la minorité pénale, la loi du 12 avril 1906 n'avait attribué à ces établissements le lot des mineurs de 16 à 18 ans acquittés comme ayant agi sans discernement. Cet élément âgé, vicieux et difficile, a modifié profondément l'esprit de la population, le caractère et l'aspect même des colonies.

L'effectif, noté de dix en dix années, fait ressortir la dégression signalée :

Au 31 décembre 1880, la statistique accuse la présence de 7.215 garçons et de 1.758 filles :

Au 31 décembre 1890 : 5.151 garçons et de 1.486 filles
— 31 — 1900 : 3.828 — — 771 —
— 31 — 1910 : 3.424 — — 899 —

Si l'on considère que le dernier recensement de la population en France indique l'existence de :

1.614.000 garçons et de 1.602.000 filles de 13 à 18 ans, et qu'il y avait à la même époque dans les établissements pénitentiaires pour mineurs, 1.920 garçons et 435 filles de cet âge, on remarque que la proportion des garçons en correction n'est que de 12 et celle des filles à peine de 3 pour 10.000, proportion infime et qui n'a rien d'alarmant. Sur 900 adolescents et sur 3.700 adolescentes, on ne compte donc qu'un sujet en « maison de correction ».

A cette diminution de l'effectif correspond une élévation marquée de l'âge.

Classés d'après l'*âge au délit*, les pupilles garçons (dont seuls nous nous occuperons désormais) forment les groupes suivants :

Mineurs de 12 ans	Présents en 1880	2.580
	— en 1910	367
Mineurs de 14 ans	Présents en 1880	2.384
	— en 1910	497
Mineurs de 16 ans	Présents en 1880	2.251
	— en 1910	1.237
Mineurs de 18 ans	Présents en 1880	»
	— en 1910	1.323

Sur 100 pupilles pris aux deux dates choisies, on comptait donc :

En 1880 : 36 ;   en 1910 : 11 mineurs de 12 ans ;
— 33   —   14   —   14 —
— 31   —   36   —   16 —
— »   —   39   —   18 —

L'âge moyen au délit ressort à un peu moins de 13 ans pour les pupilles présents au 31 décembre 1880 et à un peu plus de 15 ans, trente ans plus tard.

Le graphique suivant traduit en chiffres absolus la progression ou la réduction des groupes composés d'après l'âge au délit, à l'expiration des périodes décennales :

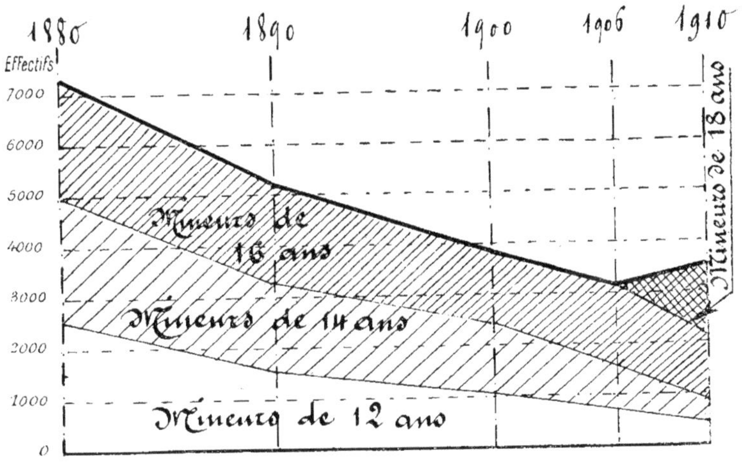

On remarque une réduction graduelle de tous les groupes, plus accusée chez les jeunes qui ont une tendance à disparaître et que la loi du 22 juillet 1912 élimine définitivement des catégories de mineurs passibles de la correction, en réservant cette mesure aux seuls adolescents de 13 à 18 ans. On note également l'apparition en 1906 du groupe des mineurs de 18 ans, qui grossit rapidement, et forme en 1910 les deux cinquièmes de l'effectif total.

L'abaissement de la population ne correspond pas à celui des entrées.

On observe, en effet, que passant du maximum de 1.529 en 1880 à 1.175 en 1910, les admissions n'ont fléchi que dans la proportion de 23 p. 100, alors que les effectifs subissaient une réduction de 53 p. 100.

S'appliquant aujourd'hui à des éléments plus âgés, et bien que prononcé jusqu'à 21 ans au lieu de 20 ans, l'envoi en correction est limité à une plus courte période et impose un séjour à la colonie beaucoup plus bref. Le taux des « envois en correction » pour plus de 5 ans est tombé, dans cette période de 30 années, de 46 à 34 p. 100.

Les établissements pénitentiaires voient donc aujourd'hui renouveler très rapidement leurs effectifs et *les enfants*, qui vont disparaître, y sont graduellement remplacés par des *adolescents*, eux-mêmes de plus en plus âgés, presque des adultes.

Ainsi s'est profondément modifiée la population des établissements pour jeunes détenus, particulièrement en ces vingt dernières années.

L'élévation graduelle de l'âge à l'entrée entraine une élévation correspondante de l'âge des pupilles présents aux diverses époques décennales choisies comme termes de comparaison. Le graphique ci-après figure les fluctuations des groupes.

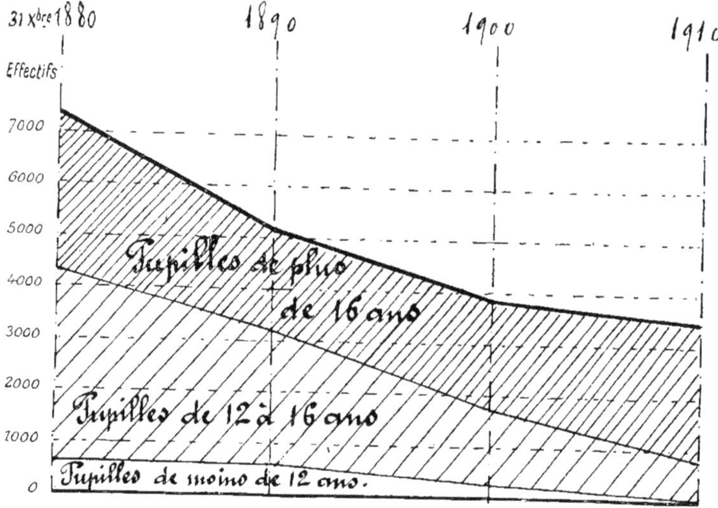

L'effectif actuel ne représente que 47 p. 100 de celui de 1880.

Les groupes formés d'après la nature de l'infraction à la loi pénale qui a motivé les poursuites, n'ont pas conservé l'importance relative qu'ils avaient à une époque beaucoup plus sévère, et plus portée à donner à ces infractions une rigoureuse qualification légale. Si les établissements continuent à recevoir des meurtriers et des assassins, dont le nombre a une tendance à s'élever, ils voient diminuer le contingent, autrefois considérable, des mendiants et des vagabonds.

Ainsi, sur 1.000 pupilles présents, on n'en compte plus que :

148 en 1910 contre 237 en 1880 jugés pour vagabondage et mendicité ;

  29   —   —   38   —   — attentats à la pudeur et faits de mœurs ;

  11 en 1910 contre 17 en 1880 jugés pour incendie ;

  21   —   —   72   —   — vol qualifié.

Cette diminution serait très rassurante, si elle n'avait pour cause la correctionnalisation de la plupart des infractions, par le silence fait sur les circonstances graves qui les ont accompagnées, et si elle n'avait pour contrepartie un accroissement de la forme violente de la criminalité.

On relève en effet que :

58 pupilles sont aujourd'hui détenus pour assassinat, meurtre et coups, contre 19 en 1880 ; le vol simple se note 670 fois sur 1.000 contre 572 fois en 1880, restant la forme de délit la plus commune.

En somme, la correction est appliquée aujourd'hui à des fautes plus graves; témoin l'élévation du nombre des meurtriers et le fléchissement très accentué de la forme la plus bénigne de la criminalité, le vagabondage et la mendicité.

Il est utile de clore cet aperçu sur le contingent de la criminalité juvénile dévolu aux établissements pénitentiaires pour mineurs, par une répartition de l'effectif par catégories juridiques.

En 1910, on a compté :

3.348 mineurs de 18 ans acquittés par application de l'article 66 du Code pénal, comme ayant agi sans discernement, et envoyés dans une colonie pénitentiaire ;

25 mineurs de 16 ans, condamnés par application des articles 67 et 69 du du Code pénal, comme ayant agi avec discernement, et envoyés dans une colonie pénitentiaire ou correctionnelle. (Les mineurs de 16 à 18 ans condamnés ne bénéficient plus de l'excuse de la minorité et subissent le sort des adultes).

3 mineurs de 21 ans, passibles de la relégation, envoyés dans les colonies correctionnelles, par application de la loi du 27 mai 1885 ;

48 pupilles de l'Assistance — mineurs de 21 ans — remis à l'Administration pénitentiaire, en vertu de jugement des tribunaux civils, en exécution de la loi du 28 juin 1904.

Avant de marquer la place des colonies des *Douaires* et de *Gaillon* dans l'organisation de combat contre la criminalité juvénile, avant d'exposer leur rôle dans l'œuvre d'éducation, de relèvement et de réadaptation sociale poursuivie par l'Administration pénitentiaire, il convient d'indiquer sommairement les dispositions, légales ou administratives qui régissent l'internement des mineurs.

La loi du 5 août 1850 a donné une existence légale aux établissements affectés depuis 1830 à la détention des mineurs, sous le nom de « maisons de correction ». Elle a relevé leur rôle, en déterminant la mission d'éducation prévue par le Code de 1810, et, si on peut lui reprocher d'avoir trop compté sur l'initiative privée et la charité publique, ses dispositions générales n'en constituent pas moins la charte de l'éducation pénitentiaire.

Elle prévoit, ainsi qu'il a été indiqué, les trois genres d'établissements existants de nos jours et spécifie : qu'il sera donné aux jeunes détenus *une éducation morale, religieuse et professionnelle* : qu'ils seront élevés en commun sous une discipline sévère : qu'ils recevront une instruction élémentaire : qu'ils seront appliqués, les garçons aux travaux de l'agriculture ou aux industries qui s'y rattachent, les filles, aux occupations qui conviennent à leur sexe : qu'enfin, ils pourront obtenir, à titre d'épreuve, d'être placés provisoirement hors de la colonie.

Elle croit devoir imposer un internement de début dans un quartier distinct, de trois mois pour les jeunes détenus des colonies pénitentiaires et de six mois pour ceux des colonies correctionnelles. Cette période d'observation n'a pas reçu toute l'ampleur prévue, disons-le en passant, à de très rares exceptions près.

En outre, elle fixe les pouvoirs des directeurs, et place les établissements pour mineurs sous le contrôle du procureur général, des inspecteurs généraux et d'un conseil de surveillance.

Un arrêté ministériel du 10 avril 1869, modifié le 15 juillet 1899, a déterminé, avec précision, le régime physique, professionnel et moral prévu par la loi de 1850.

Au point de vue *physique*, il entre dans une minutie de détails surprenante pour l'époque, sur les règles d'*hygiène* à observer :

Bains entiers à l'arrivée et deux fois par an ; bains de pieds par quinzaine ; coupe de cheveux tous les deux mois ; barbe une ou deux fois par semaine suivant la saison ; ablutions et soins quotidiens de propreté avec essuie-mains, savon, peigne, brosse à tête, brosse à dents etc.., nettoyage fréquent des locaux occupés par les pupilles ; parois passées tous les ans au lait de chaux ; chauffage des salles d'école, des ateliers et de l'infirmerie ; capacité de 15 mètres cubes par pupille prévue pour les dortoirs, de 25 mètres cubes par lit d'infirmerie et de 27 mètres cubes par cellule de punition (note additionnelle) ;

Trousseau très complet pour chaque pupille comprenant avec des vêtements en laine pour l'hiver, des vêtements en treillis pour l'été et un costume pour le dimanche, des chaussons-galoches avec chaussettes, des sabots et des guêtres comme chaussures, une casquette et un chapeau de paille comme coiffure. Le linge de corps, chemises, caleçons, mouchoirs, etc..., n'est pas omis. Une couchette avec paillasse ou matelas et traversin, draps, couvertures de laine et de coton forme la *literie* ; blanchissage et change des chemises, serviettes, mouchoirs toutes les semaines, des draps et caleçons tous les mois, des couvertures tous les semestres ; conservation des effets personnels apportés par les pupilles, après désinfection et mise en état, vente à leur profit ou destruction.

Régime alimentaire comprenant 3 soupes de légumes frais en été et 2 en hiver, une pitance de pommes de terre, de riz ou de légumes secs ; 2 soupes grasses avec ration de 75 ou de 50 grammes de viande cuite, chaque semaine ; pain de farine de froment à discrétion ; distribution en été de vin coupé au quart, de cidre ou de bière coupés à moitié. Ustensiles de réfectoire prévus : cuillers, fourchettes, gamelles, gobelets.

Soins médicaux donnés par un docteur astreint à trois visites hebdomadaires ; alimentation des malades réglée par lui sur un type de régime gras et un type de régime maigre, et quatre degrés dans chacun d'eux ; autorisation de faire transférer à l'hôpital les malades incurables ou gravement atteints ; prescriptions très impérieuses sur les dispositions à prendre en cas d'épidémie ou de maladie contagieuse, sur les règles de propreté et de prophylaxie à appliquer à tous les malades ; formalités à remplir après mort accidentelle, suicide ou simple décès ; capacité des infirmeries fixée au vingtième de la population.

L'instruction professionnelle, limitée conformément au texte de la loi de 1850, à l'agriculture et aux professions qui s'y rattachent, comporte, avec quelques cours d'agriculture, d'horticulture, et d'arboriculture, des travaux pratiques d'une durée maximum de 10 heures par jour ; chômage les dimanches et jours de fête.

Des pupilles ou groupes de pupilles restant sous la surveillance du personnel, peuvent être temporairement loués à des cultivateurs.

Les travaux sédentaires ne sont admis, et après autorisation ministérielle, que pour les pupilles appelés par leur constitution et leur avenir à l'exercice de métiers industriels et les produits fabriqués sont autant que possible, utilisés par l'établissement.

La location de pupilles en vue de travaux sédentaires est interdite.

L'éducation morale est donnée :

1° Par *l'aumônier*, avec assistance obligatoire aux instructions religieuses et aux exercices du culte (assistance devenue facultative en 1908);

2° Par *l'instituteur*, au moyen d'une classe d'une heure chaque jour, au minimum, avec enseignement obligatoire de la lecture, de l'écriture, des quatre règles de l'arithmétique et du système métrique et enseignement facultatif du calcul mental, de l'arpentage, du dessin linéaire, de la géographie et de l'histoire (1);

3° Par la lecture des livres composant la *bibliothèque* annexée à chaque établissement.

4° Par le *régime disciplinaire* qui prévoit :

a) Comme récompenses (arrêté du 15 juillet 1899): l'éloge, le tableau d'honneur, les galons et emplois de confiance, les bons points (d'une valeur de 5 centimes), les suppléments de vivres, les prix et livrets d'épargne et l'admission au quartier de récompenses, le placement individuel chez des particuliers, l'engagement dans l'armée et la libération provisoire.

b) Comme punitions : la réprimande, les mauvais points et les corvées, les privations de récréation, de visites, de matelas, de vivres autres que le pain et la soupe du matin, et un jour sur deux seulement ; le peloton de discipline (isolement, en groupe, avec marches, corvées ou travaux sédentaires), la cellule ou isolement individuel, limité à une durée de 15 jours (30 jours dans les colonies correctionnelles) et atténué par des promenades sur des préaux et par les visites obligatoires du Directeur, de l'instituteur-chef, du surveillant-chef, du médecin, etc... L'indiscipline persistante du pupille de la colonie pénitentiaire aboutit au transfèrement dans une colonie correctionnelle.

---

(1) Donné tout d'abord par un seul instituteur, l'enseignement est confié aujourd'hui à 4, 5 ou 6 maîtres, suivant l'importance de l'établissement.

Les punitions ne sont prononcées que par le Directeur, sur le rapport de l'agent, ayant constaté l'infraction, l'inculpé entendu, et au vu de son bulletin de « statistique morale ».

Un pécule est constitué au pupille au moyen du produit des bons points accordés en récompense de tous les efforts, travail manuel ou scolaire et conduite : un livret d'épargne leur est généralement ouvert pour recevoir la partie du pécule excédant 20 francs, les gages et salaires gagnés en placement, les allocations spéciales accordées au 1er janvier et au 14 juillet.

Les jeunes détenus écrivent mensuellement aux proches parents ou au tuteur présentant les garanties indispensables de moralité : la corespondance est lue à l'arrivée et au départ ; ils peuvent recevoir quatre visites par an ; mais le Directeur peut rendre plus fréquents les rapports entre le pupille et sa famille.

Trois mois avant la libération, une enquête est ouverte sur la famille, en vue des dispositions à prendre pour la sortie et l'avenir du libéré qui reçoit, à son départ, ses frais de voyage, son pécule, ses bijoux et effets personnels, et un trousseau comprenant : 2 chemises, un tricot (en hiver), un pantalon, un gilet, une blouse (remplacée aujourd'hui par un veston), une paire de souliers, 2 paires de chaussettes, une casquette, 2 mouchoirs.

Maisons d'éducation, colonies pénitentiaires et colonies correctionnelles sont placées sous le contrôle des Préfets, des Inspecteurs généraux et des Conseils de surveillance.

Telles sont les principales dispositions légales ou réglementaires qui régissent les établissements pour mineurs soumis à l'éducation correctionnelle, établissements dont nous allons présenter deux types, la colonie pénitentiaire des *Douaires* et la colonie correctionnelle de *Gaillon*, affectées l'une et l'autre aux garçons.

II

COLONIE PÉNITENTIAIRE DES DOUAIRES

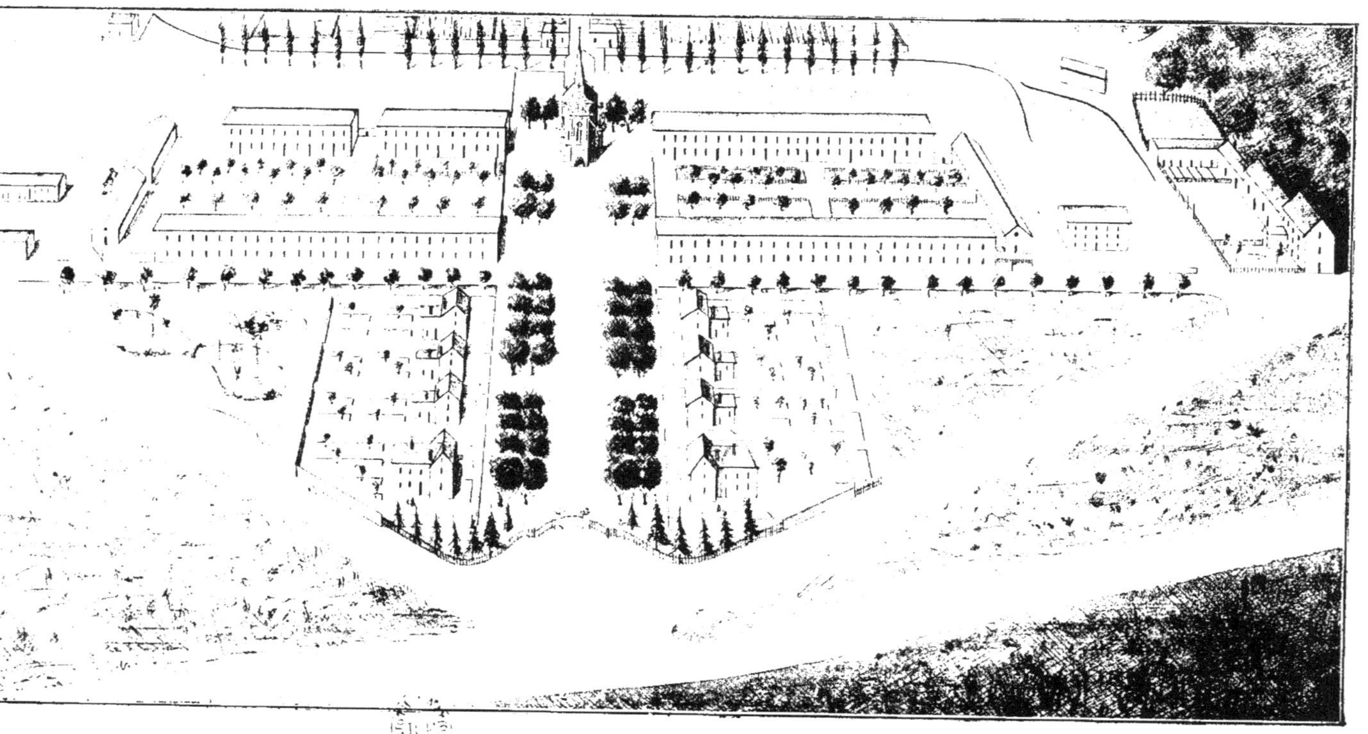

COLONIE AGRICOLE DES DOUAIRES

COLONIE PÉNITENTIAIRE DES DOUAIRES

Situation, vue d'ensemble et origine.

SITUATION

Entre Paris et Rouen, sur le bord de l'étroit plateau qui domine la vallée de la Seine au midi, se dresse, à 150 mètres d'altitude, la flèche élancée d'un élégant clocher moderne. Auprès de la chapelle, se groupent, dans une disposition symétrique, de vastes et lourds bâtiments rectangulaires en brique rouge, et, éparses çà et là dans le voisinage, et jusqu'à la lisière des bois, des constructions plus légères se rattachent, par leur disposition et leur aspect, à cette agglomération. L'ensemble constitue la colonie des *Douaires*.

VUE D'ENSEMBLE

Une large avenue, plantée d'une quadruple rangée d'arbres, bordée de coquets pavillons d'habitation enfouis sous la verdure, conduit à l'établissement principal formé de quatre bâtiments à deux étages de 100 mètres de long sur 10 mètres de large, disposés en longueur sur deux lignes parallèles perpendiculairement à l'avenue, deux à droite deux à gauche. Ces vastes constructions, séparées par une distance de 60 mètres, ménagent entre elles un espace de 12.000 mètres carrés converti en préaux de récréation.

Trois de ces bâtiments sont occupés par la population et les services généraux de la colonie ; le quatrième, affecté à l'exploitation agricole, constitue la ferme proprement dite.

Il n'y a pas de mur d'enceinte autour de cette agglomération, pas de liaison entre les constructions, pas la moindre clôture, pas le moindre travail de défense contre les dangers du dedans et du dehors. La caserne et le collège ont leur mur de clôture : la colonie des *Douaires* n'a rien à opposer aux idées d'évasion et à la curiosité des passants. Pas de barreaux aux fenêtres, ni même de serrures aux portes de certains locaux occupés par les pupilles et ouverts sur la campagne. Partout le grand jour, la pleine lumière, la libre circulation.

La colonie des *Douaires* est l'antithèse de la prison. Elle est aussi, hélas ! par exagération de libéralisme, devenue presque impropre au rôle qui lui est dévolu et apparaît un peu aujourd'hui, avec la population qu'elle contient, comme un défi au bon sens et à la prudence la plus élémentaire.

Auprés du groupe principal de constructions s'élèvent la boulangerie et des hangars ; un peu plus loin, à l'orée des bois, l'infirmerie, puis la bergerie, la porcherie, la buanderie, la briqueterie et des habitations de surveillants. En pleine campagne, dans un rayon de 1.000 mètres, trois anciennes fermes donnent asile aux familles des surveillants.

Origine

Comme la plupart des établissements de même ordre, la colonie des *Douaires* est fille de la maison centrale de Gaillon. Cette origine qui paraît étrange s'explique très simplement par la communauté de destination donnée par le Code pénal aux adultes condamnés et aux mineurs acquittés et condamnés. L'article 40 dispose, en effet que :« quiconque aura été condamné à la peine d'emprisonnement sera *renfermé* dans une *maison de correction* » ; et les anciens articles 66, 67 et 69, qui réglaient la situation des mineurs de 16 ans, avant la loi de 1906, stipulaient que le mineur acquitté serait, « selon les circonstances, remis à ses parent, ou *conduit* dans une *maison de correction* pour y être *élevé* et *détenu*», et que le mineur condamné serait frappé de « une peine d'emprisonnement dans une *maison de correction* ».

Le terme « maison de correction » est identique dans tous les textes et vise un établissement unique. Le législateur de 1810 avait donc prévu — avec des nuances de détail — une détention commune aux mineurs et aux adultes condamnés à l'emprisonnement. Si étrange que cette confusion d'âges et de situations puisse aujourd'hui nous paraître, c'est en exécution de la loi que, jusque vers 1830, enfants et adultes furent internés dans les maisons *centrales* ou *départementales* de correction.

Les dangers de cette promiscuité d'enfants, d'adolescents, d'adultes et de vieillards n'avaient pas tardé à se révéler et des quartiers spéciaux. aussi bien dans les maions centrales que dans les prisons départementales, étaient bientôt réservés aux mineurs détenus en vertu des articles 66, 67 et 69 du Code pénal. Cette séparation n'apparut pas comme suffisante. Le simple voisinage de ces caté gories restait un danger. Le devoir d'*élever* le mineur acquitté se dégage et s'élève au-dessus de celui de *détenir* ; l'idée de régénérer le jeune délinquant par la vie au grand air et le travail de la terre se fait jour et s'impose par d'heureux essais de *colonisation* à l'intérieur. Des jeunes détenus des maisons de correction départementales sont d'abord individuellement confiés à des cultivateurs; puis des groupes sont remis à des œuvres charitables; des établissements agricoles leurs sont affectés. La colonie pénitentiaire privée est fondée: mais le nom de *maison de correction* lui reste.

Suivant l'exemple donné par sa cadette, la maison centrale détache et installe peu après, à demeure, dans des fermes louées ou achetées dans le voisinage. les mineurs qu'elle détient. C'est l'embryon de la colonie pénitentiaire publique.

Comme toutes les institutions, la *maison de correction* s'est perfectionnée, sans le secours de la loi, par la spécialisation. Il y a désormais la maison de correction pour hommes, que l'on désignera communément sous le nom de maison centrale ou de prison départementale, et la maison de correction pour enfants qui conservera seule cette dénomination fâcheuse, malgré la loi du 5 août 1850 qui la baptise *colonie pénitentiaire, colonie correctionnelle,* ou *maison pénitentiaire,* selon les catégories pénales et les sexes auxquels elle est réservée, malgré la loi du 1906, qui introduit ces dénominations dans le Code pénal.

L'histoire de la colonie des *Douaires* est celle des premières colonies publiques. Elle est née de la maison centrale de Gaillon, comme Saint-Hilaire est né de la maison centrale de Fontevrault, comme Saint-Bernard est issu de la maison centrale de Loos. Il serait sans intérêt de retracer, dans leurs détails, les phases de l'évolution lente qui a conduit le mineur détenu à la maison centrale de Gaillon à la colonie des *Douaires,* largement ouverte sur la campagne, dotée d'une vaste exploitation agricole, d'une architecture élégante qui ne rappelle en rien la prison ; de l'évolution enfin qui a fait du petit prisonnier de Gaillon, l'élève de l'école professionnelle, industrielle et agricole des *Douaires.*

Il suffira de marquer les étapes de la longue route parcourue au cours du xixᵉ siècle.

Vers 1820, les mineurs de la maison centrale sont internés dans un quartier annexe séparé de l'agglomération principale (1).

En 1842, un lot de terres de 26 hectares est acquis sur le plateau dominant Gaillon. Six ans plus tard, il y a accroissement de ce domaine sur lequel on construit des bâtiments d'habitation. Les jeunes détenus, qui allaient travailler à la ferme et rentraient chaque jour à la maison centrale, sont désormais installés à demeure hors de l'établissement, sous la direction d'un instituteur-régisseur qui reste placé sous l'autorité du directeur de la maison centrale.

En 1862, l'annexe pour mineurs a acquis une importance très grande, son organisation diffère de plus en plus de celle de la maison centrale ; il importe d'en faire un établissement autonome : un directeur est nommé. La séparation est désormais complète ; chaque maison a ses services et son organisation particuliers ; chacune d'elles aura sa vie et sa destinée propres.

Le domaine s'étend, la population augmente ; les constructions de 1848 deviennent insuffisantes. On élabore le projet grandiose d'une colonie nouvelle à édifier tout près de l'ancienne. Ce projet adopté est exécuté très rapidement et le 25 septembre 1868 on inaugure l'établissement nouveau, le seul en France construit en totalité et d'un trait en vue de sa destination : la détention et l'éducation des mineurs en correction.

Des améliorations et des constructions supplémentaires sont venues depuis compléter le plan primitif, sans modifier toutefois la disposition et l'aspect général, d'une élégance sobre qui convient à l'établissement ; un pavillon séparé pour les malades, des hangars pour l'exploitation agricole, des habitations pour les surveillants, une buanderie, un quartier cellulaire sont venus s'ajouter aux constructions principales, sans les masquer, ni en détruire la symétrie.

---

(1) Plus tard, ce quartier sera transformé en asile de criminels aliénés pour, après la suppression de la maison centrale, revenir en 1908 à sa destination primitive, comme colonie correctionnelle.

2

Des perfectionnements intérieurs ont transformé les dortoirs en commun en dortoirs cellulaires, distribué l'eau sur tous les points, substitué l'éclairage au gaz par incandescence à l'éclairage à l'acétylène, qui avait lui-même remplacé la lampe à pétrole.

La colonie, son domaine et ses organes.

Pièce par pièce, un domaine de plus de 100 hectares s'est formé autour de la ferme primitive. Son aspect irrégulier, son contour déchiqueté, ses terres éparses dans les propriétés voisines, trahissent son origine et indiquent une formation lente et difficile, faite de lots de terre achetés successivement aux propriétaires des alentours. La dernière acquisition, réalisée en 1881, a donné à la colonie une ferme de plus de 100 hectares et porté la superficie du domaine à 240 hectares se décomposant ainsi :

Terres arables..	175 hectares.
Bois..	49 —
Chemins et terrains bâtis...............................	16 —

A diverses reprises, des terres affermées sont venues accroître l'étendue d'une exploitation dont le cheptel comprend aujourd'hui :

Une écurie...............................	de	30 chevaux ;
Une bouverie et une vacherie...............		50 bêtes à cornes ;
Une bergerie.............................		150 moutons ;
Une basse-cour..........................		200 têtes de volaille ;
Et une porcherie.........................		120 porcs ou porcelets.

Le sol argileux du domaine, d'une fertilité moyenne, amendé par de fréquents marnages, est surtout propre à la culture des céréales, des plantes fourragères, de la betterave et du pommier à cidre. Les bois-taillis comprennent quelques arbres de haut jet, des chênes et des frênes principalement.

Un jardin potager de près de 3 hectares, produisant tous les légumes nécessaires à l'alimentation des pupilles, complète l'exploitation qui fournit elle-même, en partie, le blé, les pommes de terre, et en totalité, le cidre consommés par la population. Elle donne également le lait, le beurre et les œufs, ainsi qu'une partie de la viande (bœuf, vache, veau, porc, volaille), entrant dans l'alimentation des valides ou des malades. La contribution de l'exploitation agricole aux besoins de l'établissement est évaluée annuellement à 60.000 francs environ.

La ferme proprement dite occupe l'un des quatre grands bâtiments à deux étages disposés symétriquement et perpendiculairement à l'avenue.

Les trois autres sont aménagés pour la population et contiennent les divers services de la colonie proprement dite :

Au *rez-de-chaussée* :

Un réfectoire unique de 40 mètres de longueur sur 10 mètres de largeur, avec scène dans le fond utilisée les jours de fête, et cuisine contiguë ;

6 salles de classe convenablement installées, et une salle de lecture avec bibliothèque composée d'un millier de volumes ;

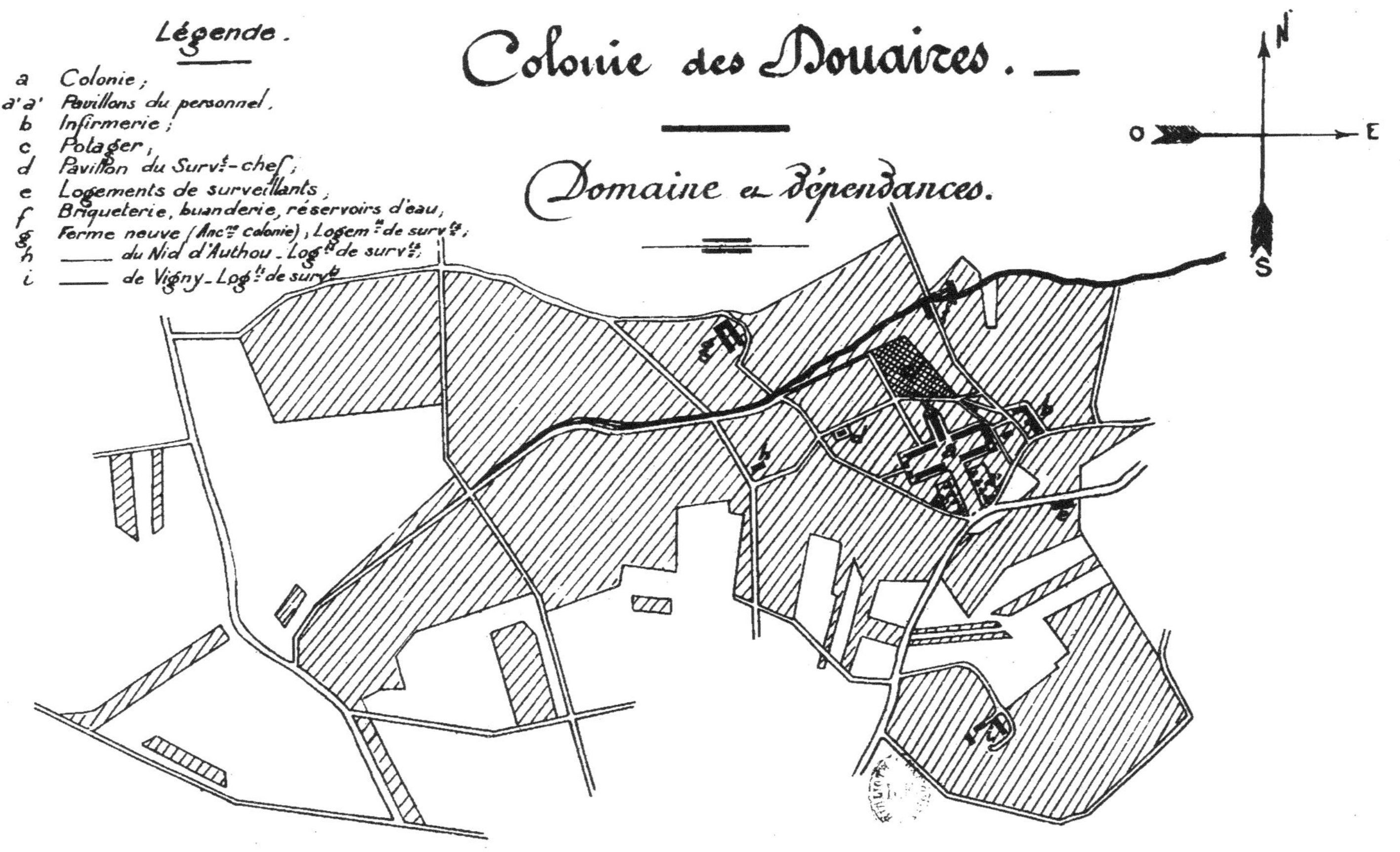

Colonie des Douaires.
Domaine et Dépendances.
Légende.
a   Colonie ;
a'a' Pavillons du personnel.
b   Infirmerie ;
c   Potager ;
d   Pavillon du Surv.t-chef ;
e   Logements de surveillants ;
f   Briqueterie, buanderie, réservoirs d'eau,
g   Ferme neuve (Anc.ne colonie), Logem.ts de surv.ts ;
h   ——— du Nid d'Authou - Log.t de surv.ts ;
i   ——— de Vigny - Log.t de surv.t
N
S
O
E

Une salle de musique avec collection complète d'instruments (cuivre et bois) ;

7 ateliers occupés par des cordonniers, des charrons, des forgerons, des menuisiers, des serruriers, des ferblantiers et des peintres :

Les bureaux d'administration et les magasins de l'économat.

Des dortoirs comprenant 384 chambres individuelles ou cellules nocturnes, disposées sur deux rangées face à face, occupent, avec quelques chambres de surveillants tout le *1er étage* des trois bâtiments. La capacité des dortoirs, très larges, très élevés, percés de baies nombreuses et pourvus de cheminées d'aé, ration, n'assure pas moins de 35 mètres cubes d'air par lit. Tous ces locaux, modernes, largement aérés, bien éclairés, offrent aux pupilles les conditions hygiéniques les plus favorables.

Enfin, entre les quatre bâtiments, 3 cours de récréation plantées d'arbres, pourvues de bancs et de quelques agrés de gymnastique, avec préaux couverts et water-closets, occupent chacune une superficie de 3.000 mètres carrés.

Il convient de rappeler que l'infirmerie, la boulangerie et la buanderie sont installées dans des bâtiments détachés.

Un quartier de punition, comprenant 49 cellules d'isolement, fait suite à la chapelle monumentale susceptible de recevoir 600 fidèles et placée au centre de l'agglomération, à l'extrémité de l'avenue principale.

Population de la colonie.

Avec ses 384 cellules nocturnes, la colonie des *Douaires* est susceptible de recevoir une population de 400 pupilles. Ce chiffre est rarement atteint. Avant la transformation cellulaire des dortoirs en commun, — transformation qui en a réduit d'un tiers la capacité — l'établissement contenait plus de 500 mineurs.

Le tableau ci-après donne le mouvement de la population pour 5 années prises à 10 ans de distance dans la période qui s'étend de 1870 à 1910.

	1871	1880	1890	1900	1910
Effectif au 1er janvier....................	351	562	525	456	397
Entrées réelles (nouveaux pupilles)	120	130	142	33	212
Réintégrations de pupilles placés, évadés, etc.	24	23	60	162	68
Totaux...............	495	715	727	651	677
Sorties définitives (libérations, engagements, transfèrements, décès, etc...............	76	97	112	123	128
Sorties provisoires (libérations provisoires, placements, évasions)................	51	84	80	204	206
Totaux des sorties......	127	181	192	327	334
Effectif au 31 décembre...	368	534	535	324	343

Pour les 5 dernières années (1907-1911) le mouvement de la population dans l'établissement se traduit par les chiffres suivants :

	1907	1908	1909	1910	1911
Effectif au 1er janvier................	298	388	390	397	343
Entrées réelles.....................	238	281	224	212	214
Réintégrations.....................	184	128	168	68	228
Totaux.............	720	797	782	677	785
Sorties définitives.................	78	163	105	128	124
Sorties provisoires.................	254	244	280	206	321
Totaux des sorties...	332	407	385	334	445
Effectif au 31 décembre...	388	390	397	343	340

En regard du chiffre des pupilles présents qui forme l'*effectif réel*, il y a lieu de mettre celui des pupilles placés conditionnellement hors de la colonie, se trouvant encore en cours de correction, susceptibles d'une réintégration et formant l'*effectif nominal* de l'établissement. Nous donnons ces chiffres pour les 2 dernières années.

	1910	1911
Effectif réel.... | Pupilles présents à la colonie au 31 décembre..	343	340
Effectif nominal. / Pupilles placés.............................	125	111
— libérés provisoirement	64	73
— sous les drapeaux (engagés)...........	72	68
— en traitement dans les hôpitaux.......	1	»
— appelés en justice...................	15	12
— évadés	32	41
Totaux	309	305
Effectif total............... .	652	645

Ce qui frappe dans ces relevés c'est la coïncidence d'une diminution des effectifs avec une accentuation du mouvement d'entrées et de sorties. Ce fait est expliqué par la fréquence des libérations anticipées et par les observations suivantes déjà notées pour l'ensemble des mineurs en correction.

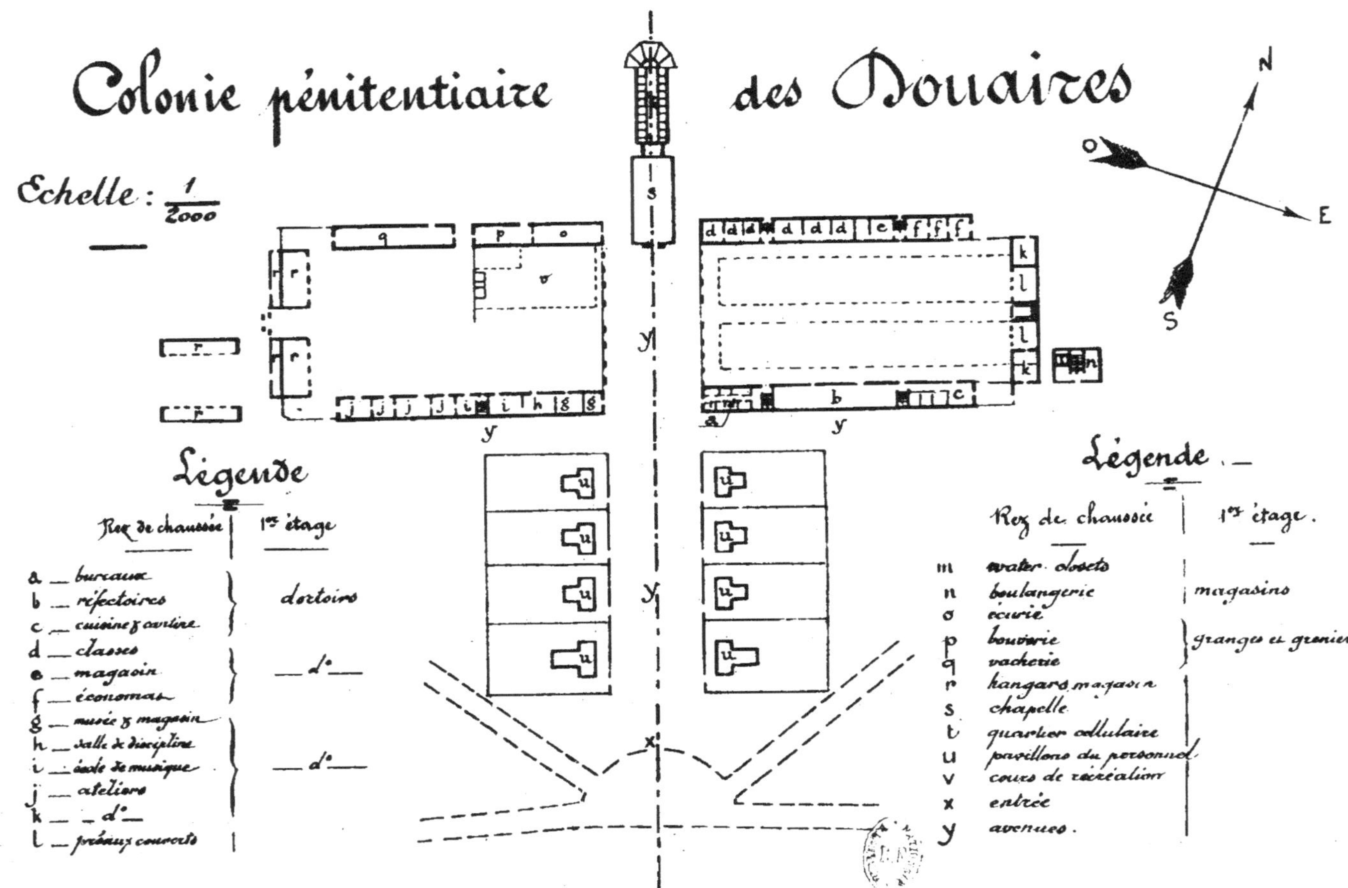

Colonie pénitentiaire des Douaires
Echelle : 1/2000
N
O
S
E
Légende
Rez de chaussée | 1er étage
a — bureaux
b — réfectoires
c — cuisine & cantine
d — classes
e — magasin
f — économat
g — musée & magasin
h — salle de discipline
i — école de musique
j — ateliers
k — d°
l — préaux couverts
dortoirs
— d° —
— d° —
Légende —
Rez de chaussée | 1er étage
m — water closets
n — boulangerie
o — écurie
p — bouverie
q — vacherie
r — hangars magasin
s — chapelle
t — quartier cellulaire
u — pavillons du personnel
v — cours de récréation
x — entrée
y — avenues.
magasins
granges et greniers

L'âge au délit s'élève graduellement depuis 40 ans et ce mouvement ascensionnel est encore plus accusé aux *Douaires* où la population se compose de mineurs âgés. Le tableau comparatif suivant met ce fait en évidence.

	EFFECTIF RÉEL		PROPORTION P. 100	
	1870	1910	1870	1910
Mineurs jugés pour délits commis avant 12 ans...	115	0	22	0
— — — 14 —...	162	5	30	2
— — — 16 —...	257	131	48	38
— — — 18 —...	0	207	0	60

Les variations numériques de la population et de ses éléments constitutifs, considérés au point de vue de *l'âge au délit*, se traduisent plus visiblement par le graphique suivant:

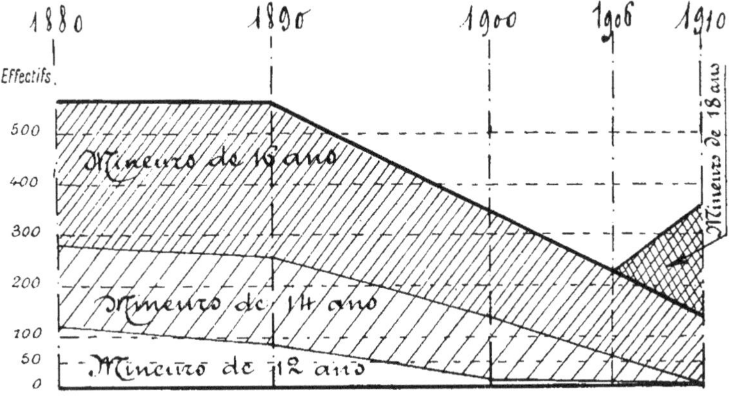

L'âge moyen au délit s'est élevé, en 40 ans, de 13 ans 1/2 à plus de 16 ans, — exactement à 16 ans 2 mois.

L'âge moyen des pupilles présents passe pendant la même période de 14 à plus de 18 ans. Ce mouvement ascensionnel des âges peut également être mis en relief par des chiffres et par un graphique.

	EFFECTIF RÉEL		PROPORTION P. 100	
	1870	1910	1870	1910
Pupilles présents âgés de moins de 12 ans........	54	0	10	0
— — — 16 —........	387	3	73	1
— — — 21 —........	93	340	17	99

En même temps, la proportion des mineurs soumis à la correction pour une durée de plus de 6 ans, s'abaisse de 38 à 5 p. 100 de l'effectif.

Les éléments qui composent aujourd'hui la population de la colonie ne sont plus ceux dont elle était formée à l'origine. Peuplée d'enfants et d'adolescents en 1870, elle ne reçoit plus guère aujourd'hui que des adolescents, et ces adolescents sont des jeunes gens, presque des hommes.

Dans son effectif entraient pour 60 p. 100 le petit mendiant et le vagabond précoce, jeunes délinquants inoffensifs, plus délaissés que coupables ; ils ne s'y retrouvent plus que dans la proportion de 17 p. 100. Par contre, les formes graves de la criminalité y font tache d'huile. Le vol et l'escroquerie, représentés par le taux de 31 p. 100, le sont aujourd'hui par celui de 56 p. 100, et l'assassinat et le meurtre s'élèvent avec une rapidité inquiétante de 1 à 8 p. 100.

Le recrutement de la colonie, effectué dans les prisons des régions de Paris, du Nord et de l'Ouest, s'est également modifié, paraissant se localiser à deux départements à criminalité intense. Les pupilles de 1880 provenaient du département de la Seine-Inférieure (Rouen et le Havre) pour les deux cinquièmes de l'effectif ; ceux de 1910, dans la proportion de 55 p. 100 sont originaires de Paris et des environs. Les plus nombreux ensuite restent ceux de la Seine-Inférieure ; le Nord vient en troisième ligne avec le Calvados.

Il y a lieu de relever les chiffres suivants :

Quant à la composition des familles : le taux des enfants naturels s'abaisse de 1880 à 1910, de 15 à 5 p. 100, celui des demi-orphelins s'élève de 14 à 38 p. 100, celui des orphelins demeure invariable. Quant à l'instruction ; il reste encore, en 1910, un groupe de 25 élèves ne sachant pas lire couramment parmi les 343 pupilles présents à la fin de l'année et la proportion des *illettrés* absolus est de plus de 6 p. 100 parmi les pupilles entrant dans la maison. Cette ignorance, neuf fois sur dix, paraît avoir pour cause unique la non-fréquentation de l'école. Seuls, quelques rares infirmes de l'intelligence ou de la mémoire sont inaptes à toute culture.

Au cours de la période quinquennale 1907-1911 la population était formée des diverses catégories juridiques suivantes :

	1907	1908	1909	1910	1911
Mineurs de 16 ans acquittés (art. 66 du C. P.).	153	66	99	48	60
— 18 — — —	232	315	291	283	264
— 16 — condamnés (art. 67 et 69 du C. P.)...................	»	»	»	1	2
Pupilles de l'Assistance publique indisciplinés ou vicieux (art. 2 de la loi du 28 juin 1904).....	3	9	7	11	14
Totaux..................	388	390	397	343	340

Les trois premières catégories sont soumises à la correction en vertu de jugements ou arrêts rendus par les tribunaux correctionnels, cours d'appel ou cours d'assises, comme sanctions d'infractions à la loi pénale ; la quatrième relève de jugements des tribunaux civils rendus à la suite d'actes ayant donné des « sujets de mécontentement très graves ».

Depuis 1880, le mineur *condamné* ne se rencontre à la colonie des *Douaires* qu'à l'état d'exception, et les mineurs *acquittés* forment presque la totalité de l'effectif. En 1904 est apparu l'élément « vicieux » de l'Assistance publique qui compte encore peu d'unités, mais qui semble s'accroître de jour en jour, et, en 1906, le *mineur de 18 ans* acquitté, qui a pris tout de suite une place prépondérante dans l'établissement.

En somme, avec un mouvement d'entrées et de sorties plus considérable, l'effectif est moindre qu'autrefois ; il « passe » aujourd'hui plus de pupilles à la colonie, mais leur séjour y est moins long; l'enfant a fait place à des adolescents et à des jeunes gens dont le passé est bien plus chargé, le petit vagabond relevant aujourd'hui de l'Assistance publique est remplacé par de véritables délinquants, quelques uns se sont signalés déjà comme de dangereux malfaiteurs; des éléments nouveaux enfin ont été introduits dans la colonie.

Accomplies lentement sous l'influence de courants d'opinion portant législateurs et magistrats à des mesures plus douces que la correction à l'égard des enfants délinquants, et notamment à l'extension du rôle de la famille, de la charité privée et de l'Assistance publique, ces transformations modifiaient graduellement le caractère des établissements pénitentiaires lorsqu'en 1906, l'entrée brusque d'un flot de « vétérans » de la criminalité juvénile est venue troubler profondément la population de la colonie.

Grâce à la souplesse d'un régime établi cependant depuis 1869 pour des enfants, d'après des principes posés en 1850, atténué en 1899, grâce aussi à la vigilance, à l'expérience et au dévouement du personnel, une période très critique a pu être franchie aux *Douaires* non sans difficulté, mais sans aucun incident grave.

Personnel.

Officiellement, le cadre du personnel se subdivise en deux sections: personnel d'administration et personnel de surveillance. En réalité, et exception faite de quelques emplois d'économat, il n'y a pas de fonction simple, l'une exclusivement d'administration et l'autre de surveillance. L'administration est confiée au personnel d'enseignement et la surveillance implique presque toujours la direction technique du travail et de l'apprentissage. Quelques surveillants même reçoivent, à raison de l'utilisation de leurs connaissances professionnelles et de leur collaboration au travail, une indemnité spéciale de contremaître. Quelques contremaîtres cependant sont recrutés comme ouvriers civils et ne font pas partie du cadre régulier du personnel; ils reçoivent un salaire quotidien ou mensuel et non un traitement. Les deux personnels participent donc à l'éducation des pupilles; l'un, d'administration et d'enseignement, est formé d'un instituteur-chef, d'un instituteur-comptable, de deux instituteurs collaborant aux travaux du greffe, d'un instituteur attaché à l'économat et d'un instituteur chef de musique; l'autre, de surveillance et d'apprentissage comprend: un surveillant-chef, deux premiers-surveillants, un surveillant commis-greffier, 39 surveillants ordinaires.

Le personnel technique est complété par 4 ouvriers libres présents seulement aux heures de travail.

Un régisseur de cultures a la direction de l'exploitation agricole et fait quelques conférences aux pupilles.

Un économe secondé par un teneur de livres a la gestion matérielle de la maison.

Tous les services sont placés sous l'autorité et le contrôle du directeur.

Le personnel d'administration est recruté par voie de concours par le ministère; mais un certain nombre d'emplois, dans une proportion déterminée, sont

Le retour des champs

réservés aux anciens sous-officiers dont les aptitudes ont été constatées par l'autorité militaire.

Les surveillants sont désignés également par le ministre, après examen d'aptitude au lieu de résidence, ou choisis sur les listes de présentation du département de la Guerre. Les candidats figurant sur ces listes ont la priorité sur les candidats civils.

Fonctionnaires et employés, placés sous le régime de la loi du 9 juin 1853, sont admissibles à une pension de retraite; les uns (personnel d'administration) sont classés au service sédentaire, les autres (personnel de surveillance) au service actif.

A la colonie des *Douaires*, tout le personnel est logé (sauf le teneur de livres) à l'établissement ou dans ses dépendances. Les instituteurs assurent leur service d'administration dans la journée et font classe le soir ; les surveillants sont présents quotidiennement du lever au coucher des pupilles, et, à tour de rôle, du coucher au lever. Ils jouissent d'un repos de 24 heures après le service de nuit, de quelques sorties le dimanche et d'un congé annuel de 8 jours.

La journée d'un pupille.

En toute saison, le clairon sonne le réveil à 5 heures et demie. Isolé dans sa chambrette grillagée, le pupille se lève, plie draps et couvertures à la tête de son lit, roule le matelas sur sa couchette, puis, à un signal donné, se rend successivement aux water-closets et au lavabo, dans le dortoir même. Très simple, ce lavabo consiste en un tube ordinaire, muni de jets de distribution, fixé le long des murs; les eaux sont recueillies dans une longue cuvette en bois doublée de zinc et évacuées dans les water-closets dont elles assurent le nettoyage. Rien de plus sommaire et de moins couteux ; rien de plus utile.

De retour dans sa cellule le pupille achève sa toilette au moyen de la brosse à vêtements, de la brosse à cheveux et de la brosse à dents contenues dans un petit sac suspendu à la paroi de la chambrette.

On descend en rang au réfectoire où vingt minutes suffisent au premier déjeuner composé d'une simple soupe aux légumes.

En hiver, les pupilles se rendent du réfectoire à la salle de classe, où une « étude » se prolonge jusqu'au jour. En été, on les conduit sur les préaux de récréation où ils passent un quart d'heure. Ils se groupent ensuite, en présence de l'instituteur-chef, du régisseur et du directeur, par chantiers et par ateliers, pour la première séance de travail qui commence à 6 heures et demie ou 7 heures et demie. Chaque section vient se présenter tour à tour au surveillant chargé de la distribution des outils et part pour son atelier ou pour le point du domaine qui lui a été indiqué.

Cette première séance de travail prend fin à 10 heures et demie. Rien de plus pittoresque que l'aspect des brigades cheminant à travers champs, pour le retour à la colonie. C'est un long défilé à l'entrée de l'établissement de charretiers conduisant leurs chevaux, de bouviers excitant leurs bœufs au pas lent et lourd, de brigades de culture armées les unes de pelles, les autres de bêches, de pioches ou de faux. Lorsque le hasard réunit tous ces groupes sur la même route, ils donnent au loin, dans la campagne, l'impression d'une étrange caravane de pionniers, en marche vers une région à coloniser.

Le second repas, servi après l'appel sur les préaux, repas frugal — comme tous — mais substantiel, et composé d'une soupe et d'une pitance au pommes de terre ou de légumes secs, avec ration de viande le mardi, le jeudi et le dimanche, est suivi d'une récréation d'une demi-heure, d'une séance d'exercices physiques (marches, mouvements du corps et des membres) sans agrès et d'une nouvelle récréation d'une durée égale à la première. Pendant cette période ont lieu également des répétitions pour les sections spéciales de tambours, clairons et pompiers.

La seconde séance de travail se prolonge de une heure à la chûte du jour,— 4 heures et demie en hiver, 6 heures et demie en été, — coupée par un repos d'une demi-heure avec collation dans l'atelier ou sur le chantier même.

Au retour, après une courte récréation, le pupille se rend à l'école en hiver jusqu'à 7 heures; puis au réfectoire pour prendre son 3e repas composé d'une « pitance » de pommes de terre ou de légumes secs.

Les classes sont supprimées pendant la belle saison, pour permettre les grands travaux agricoles; mais le contact entre instituteurs et élèves est maintenu par une conférence le jeudi soir.

Le coucher a lieu uniformément à 8 heures du soir, après un défilé des réfectoires aux dortoirs, au son d'une retraite exécutée par les tambours et les clairons.

La plupart des surveillants rentrent chez eux. Commencé à 5 heures et demie, le service de jour a pris fin; le service de nuit commence retenant un quart d'entre eux, les uns pour surveiller le coucher et le lever et se reposer, dans l'intervalle, dans une chambrette aux dortoirs des pupilles, les autres, pour accomplir des rondes et veiller une partie de la nuit. Ces derniers sont de repos le lendemain.

Leur service a été rude. Dans la journée, ils ont dû suivre les pupilles dans tous leurs mouvements, au réfectoire, à l'école, aux préaux, dans les ateliers et dans les champs, sans les quitter d'un pas, sans les perdre du regard. Ils ont dirigé leur travail et maintenu l'ordre dans un groupe de 20 à 30 pupilles que les nécessités du travail agricole ont isolé parfois à 2 ou 3 kilomètres de la colonie.

Cette surveillance a exigé d'eux, avec de la modération, du tact et parfois de la diplomatie, une attention vigilante une tension constante de toutes leurs facultés. Opposer une fermeté calme et une patience indulgente aux turbulences et aux taquineries irritantes, une perspicacité clairvoyante et froide aux menées sournoises et dangereuses des mauvais sujets qui ne manquent pas; faire aimer le travail et entraîner ces médiocres ouvriers à l'accomplissement de leur tâche; encourager et stimuler les uns, donner un conseil paternel à d'autres; telle a été la dure besogne de ces modestes serviteurs, à la fois surveillants et éducateurs, dont la mission, simple en apparence seulement, exige des qualités de caractère que tous les hommes sont loin de présenter.

Après avoir accompli son service de jour, subi les intempéries, souffert du froid et de la chaleur, le surveillant est cependant retenu trois nuits sur quatre pour un service de garde.

Une récréation sur les préaux

Une grande sortie — Le départ

L'ÉCOLE DES TAMBOURS ET CLAIRONS

L'Administration pénitentiaire, qui a amélioré récemment le service des agents dans les maisons centrales et les colonies correctionelles, en ramenant à 55 heures de surveillance de jour et 10 heures de surveillance de nuit leur tâche hebdomadaire, ne manquera pas d'étendre à bref délai les bienfaits de cette réforme à leurs collègues des colonies pénitentiaires, dont le service n'est pas plus léger ni le mérite moindre.

Le temps consacré aux séances de travail la semaine est employé le dimanche matin aux soins spéciaux de propreté, au nettoyage de la literie, des costumes du dimanche, aux bains-douches donnés à toute la population ; le dimanche soir, tous les pupilles valides prennent part à une promenade de deux ou trois heures dans les environs. Ils y sont conduits en rangs, au pas libre en rase campagne, au pas cadencé par les sonneries de clairons et les batteries de tambours au départ, dans la traversée des villages et à la rentrée à la colonie. Ces promenades constituent un excellent exercice physique et une préparation aux marches militaires; elles sont une diversion très appréciée à la vie réglée et monotone de la colonie.

Les jours de fête, comme témoignage collectif de satisfaction, de « grandes sorties » sont organisées avec le concours de la musique. Escortée d'une voiture d'approvisionnement et d'ambulance, accompagnée par le personnel administratif et le directeur, la colonne se dirige vers un point situé à une dizaine de kilomètres et choisi comme but de la promenade. C'est une éminence d'où l'œil embrasse un vaste horizon ou une place publique de village. La musique donne un concert et on sert une collation. En juillet et août, on fait halte dans une prairie de la vallée de l'Eure, louée à cet effet, et les pupilles se livrent, une heure durant, au plaisir si recherché du bain en rivière.

Les jours de mauvais temps, l'après-midi du dimanche est employée à la correspondance, au jeu sous les abris des préaux, aux lectures en commun ou aux lectures individuelles dans les salles de classe.

Si d'aventure des troupes de passage dans la région donnent des spectacles convenables, elles sont retenues pour une représentation à la colonie.

Sous la direction de leurs maîtres, les pupilles organisent eux-mêmes, avec le concours de la musique, des spectacles où les familles du personnel sont conviées. Chansonnettes, saynètes ou scènes comiques en forment le programme et ces représentations, où chacun des acteurs improvisés tient à se surpasser et à se faire applaudir, sont généralement très réussies. C'est encore une détente salutaire sous un régime qui impose sinon une grande contention de l'esprit du moins une constante observation de soi-même.

Comme dans la vie libre les jeunes gens de leur âge, un certain nombre de pupilles font partie de groupes spéciaux qui se réunissent dans un but commun, tels les pompiers, les tambours, les clairons, les musiciens, les pupilles de la section de tir. Avec les distractions qu'ils leur procurent, ces groupements annexes donnent aux pupilles le goût de plaisirs moins grossiers et plus sains que ceux qu'ils ont connus; ils contribuent à l'ordre et à la sécurité, facilitent l'organisation des fêtes et donnent à la vie en colonie un aspect moins froid et moins sévère. Ces organisations y sont moins un luxe qu'une nécessité.

Régime physique.

Quelques-uns des soins de propreté imposés aux pupilles viennent d'être indiqués : ablutions du réveil, ablutions renouvelées après chaque séance de travail, douches et bains de pieds du dimanche, bains de rivière de la belle saison. Le pupille, par mesure de propreté, est tenu également de se faire raser la barbe toutes les semaines et couper les cheveux tous les mois. Cette obligation lui est pénible et son ambition est d'obtenir, aux approches de la libération provisoire ou de la libération définitive, la faveur de porter les cheveux coupés aux ciseaux... et de conserver la moustache, ce qui présente généralement moins d'inconvénients. Très fiers de cette « distinction » naturelle, ils font des efforts exceptionnels pour la mériter.

Des exercices physiques ont lieu une demi-heure chaque jour. Ces courtes séances sont suffisantes pour des jeunes gens astreints à une vie active aux champs ou à l'atelier et passant leur journée dans des locaux spacieux, sur des préaux immenses où air et lumière arrivent à profusion.

L'établissement est soumis, dans toutes ses parties, à une consigne de propreté et d'hygiène très précise et très rigoureuse. Chaque jour : lavage à la serpillière humide des dallages et parquets dans les locaux fréquentés par la population (réfectoires, classes, dortoirs, escaliers, couloirs, etc...), nettoyage des parois des murs, des meubles et ustensiles divers, balayage des cours de récréation, désinfection des water-closets.

Un nettoyage général des ateliers, mis en ordre après chaque séance de travail, a lieu le samedi ; aucune des parties habitées de la maison n'échappe à ces soins périodiques, pas même les locaux qui renferment les animaux. Egalement très vastes et bien aménagés, ils sont lavés et nettoyés tous les jours et tous les jours les litières sont enlevées et renouvelées. Le visiteur peut, à tout instant les parcourir sans crainte de se salir ou d'être incommodé par les mauvaises odeurs. Les hôtes de la vacherie, de l'écurie, voire même de la porcherie sont toujours très présentables.

Les parois des locaux sont blanchies au lait de chaux et les peintures rafraîchies à périodes régulières.

La colonie est alimentée en eaux de pluie, réservées aux lavages, par 12 citernes, et en eau de source (provenant d'infiltrations superficielles), par un fossé creusé dans un vallon en plein bois à 400 mètres de la colonie. Recueillies dans deux grands bassins de décantation, ces eaux sont élevées par une pompe foulante à moteur à vapeur dans un château d'eau et distribuées sous pression par une canalisation en plomb.

A proximité des réservoirs de décantation, on a installé tout récemment une buanderie mécanique complète avec cuvier, laveuse, essoreuse à vapeur, bassins de rinçage et séchoir à air chaud.

LA SECTION DES POMPIERS EN MANŒUVRE

Éclairée jusqu'en 1900 au moyen de lampes à huile ou à pétrole, la colonie adopta à cette époque l'éclairage à acétylène qui constituait un progrès, sans donner toutefois complète satisfaction au point de vue de la régularité de la lumière et surtout de la sécurité. En 1908, on obtint de la Compagnie éclairant la ville de Gaillon la pose d'une canalisation de 3 kilomètres pour conduire le gaz de houille à la colonie et une installation intérieure qui assure désormais à l'établissement un éclairage par incandescence d'une intensité lumineuse bien supérieure et d'une régularité parfaite.

Salles de classe et ateliers sont chauffés au moyen de simples poêles Godin. Seule, l'infirmerie est dotée du chauffage par circulation d'eau chaude avec radiateurs donnant une chaleur constante et très douce. Au rez-de-chaussée fonctionne une installation hydrothérapique modeste ; ses 12 cabines à douches suffisent pour donner le dimanche un bain par aspersion à tous les pupilles.

L'*infirmerie* forme, à la lisière de la forêt, un pavillon indépendant enfoui dans la verdure et pourvu de tout le confort moderne des locaux de cet ordre :

Deux salles de traitement de 10 lits chacune ; une chambre d'isolement pour contagieux et deux salles pour surveillants-malades au 1er étage ; deux autres salles de malades, l'une avec chambrettes grillagées pour pupilles au repos ou en observation au 2e ; la cuisine et la lingerie des malades, la pharmacie, 3 cabines de bains, la salle de visites et la chambre du surveillant-infirmier occupent le rez-de-chaussée qui se prolonge par une galerie couverte et vitrée et par une salle d'opérations et des salles de désencombrement.

L'organisation du service présente cette particularité que la surveillance et les soins à donner aux malades sont confiés à un ménage de surveillants et que la femme s'y révèle, là comme ailleurs, supérieure à l'homme dans la préparation des aliments, les soins de la lingerie et l'application des traitements prescrits.

L'infirmerie forme un organisme à part dans l'ensemble de l'agglomération ; elle a son règlement et sa vie propres. Elle a même son jardin potager planté d'arbres fruitiers, cultivé par les convalescents, au profit exclusif des malades qui disposent d'un parterre ombragé, orné de massifs de plantes et d'un petit parc aménagé dans la forêt voisine.

Le régime alimentaire, fixé par le médecin, suivant les prescriptions du règlement de 1869, comprend principalement le lait, les œufs, les bouillons, la viande de bœuf, de veau, de mouton ou de poulet, avec vin et pain blanc.

Un médecin de Gaillon, chargé du service médical à la colonie, fait 3 visites par semaine ; tous les pupilles qui le désirent sont admis à la consultation ; l'admission à l'infirmerie est prononcée par le docteur.

Un séjour de 2 ou 3 jours dans une salle spéciale de l'infirmerie, après le bain et les premiers soins de propreté, est imposé aux arrivants, tous soumis à l'examen du médecin et à l'interrogatoire de l'instituteur-chef et du directeur. L'admission de l'arrivant dans la population n'est réalisée qu'après cette courte période d'observation médicale et morale.

Il y a quotidiennement 4 ou 5 pupilles indisposés admis « au repos », le nombre des malades en traitement est beaucoup moins élevé, ainsi que l'établit le relevé suivant.

		1907	1908	1909	1910	1911
Malades admis à l'infirmerie.	Guéris..................	3	8	8	5	5
	Décédés................	2	1	»	1	2
	Transférés dans un hôpital et guéris................	4	7	1	3	3
	Transférés dans un hôpital et décédés................	»	»	2	»	»
Totaux.....	Malades guéris...........	7	15	9	8	8
	— décédés	2	1	2	1	2
Ensemble des malades traités...		9	16	11	9	10

L'affection dominante est la tuberculose pulmonaire. L'état des tuberculeux s'améliore généralement sous le régime si sain de la colonie ouverte qui voit très rarement éclore des épidémies. La moyenne annuelle des journées d'infirmerie y ressort à 340 et celle des journées de traitement à l'hôpital à 360, soit en moyenne un malade soigné à l'infirmerie et un autre à l'hôpital.

Une morbidité et une mortalité aussi faibles (à peine 3 p. 1000) témoignent de l'excellence des conditions physiques faites à une agglomération qui oscille entre 3 et 400 unités et dont l'élément prédominant, d'origine urbaine, entre en général à l'établissement dans un état de pâleur, de maigreur et d'étiolement voisin de la misère physiologique.

Le *trousseau* du pupille comprend les effets prévus par le règlement.

Le costume du dimanche est seul affecté personnellement au pupille et immatriculé à son numéro. Les effets de semaine, coiffure et chaussures exceptées, forment une masse commune et sont distribués selon les tailles, au hasard du roulement.

Pourvu d'une chemise, d'un mouchoir de poche et d'une serviette de toilette, le pupille porte en semaine un pantalon et une blouse de treillis renouvelés deux fois par mois, avec caleçon et vareuse en hiver. Il est coiffé d'un béret ou d'un chapeau de jonc, suivant la saison, chaussé de galoches à semelles de bois et à tiges de cuir montantes autour desquelles il enroule jusqu'au mollet, et à la façon du chasseur alpin, des bandes molletières découpées dans les vieux effets. On lui a donné récemment des chaussettes. La galoche montante, avec molletières, constitue la chaussure la plus pratique pour les jeunes gens appelés à travailler dans les terres argileuses, souvent détrempées par les pluies.

Le pupille met le dimanche une vareuse et un tricot de coton, un pantalon de drap ou de treillis et un béret : il reçoit ces effets neufs et on les renouvelle lorsqu'ils sont défraîchis; il chausse des souliers brodequins et boucle un ceinturon autour de sa taille. Ainsi équipé, son aspect est loin d'inspirer la pitié et il a vraiment bon air au défilé pour la promenade.

La *literie* composée d'une couchette en fer à fond grillagé, d'un matelas et d'un traversin de laine, d'une paire de draps et de deux couvertures dont une de coton, est nettoyée ou renouvelée tous les ans, les draps tous les mois.

Les effets de quelque valeur apportés par les pupilles entrants sont désinfectés, mis en état et renvoyés à la famille ou conservés jusqu'à la libération.

Le *régime alimentaire* prévu par le règlement de 1869 a été amélioré par l'adjonction à l'ordinaire d'une demi-pitance de pommes de terre ou de légumes secs au repas de midi, et d'une soupe grasse avec ration de 50 grammes de viande cuite le mardi.

Il y a donc aux *Douaires* trois régimes gras par semaine, le mardi, le jeudi et le dimanche. De nombreuses fêtes, fêtes légales ou fêtes locales, marquées par un repas..... de luxe, dont le menu comprend au moins de la viande rôtie au four avec des pommes de terre, une salade, des fruits ou du fromage, du vin et du café, viennent encore relever le régime alimentaire.

Il est loisible d'ailleurs à chaque pupille d'améliorer encore cet ordinaire par le travail : un ragoût de bœuf ou de mouton avec vin et café le dimanche, une ration de pommes de terre frites, de confiture, de fromage, de fruits, etc. le mercredi, sont offerts à ceux qui peuvent fictivement en acquitter le prix au moyen des tickets ou bons points dont ils disposent.

Un repas trimestriel spécial réunit les pupilles inscrits au tableau d'honneur, un repas annuel, les lauréats du certificat d'études, les musiciens, pompiers, tambours et clairons, etc.... Chaque « corps de métier » a eu sa fête annuelle ; ces fêtes ont été fondues en une seule, la *fête du travail* célébrée après la moisson.

Des bons points et des aliments supplémentaires sont donnés aux pupilles affectés à des travaux pénibles : fauchaison, moisson, construction, etc....

Le « coco » donné à discrétion forme la boisson ordinaire des pupilles qui reçoivent en plus du cidre jeudis et dimanches et au moment des grands travaux de culture.

Donné également à discrétion, le pain provient du blé récolté ou acheté ; il est fabriqué par les pupilles.

Malgré sa simplicité et sa sobriété, cette alimentation paraît suffisante. Elle manque peut-être de variété, parce que de sottes préventions de la part des intéressés en écartent des mets excellents, comme le riz et les lentilles.

Très rigoureusement contrôlées quant à la qualité et à la quantité, les denrées sont toujours saines et leur préparation fait, à la cuisine, l'objet d'une surveillance constante.

Frugale et simple, mais substantielle, cette nourriture donne satisfaction à des appétits robustes, tout naturels chez des jeunes gens en pleine période de développement et vivant au grand air. Il suffit, pour s'en convaincre, d'observer les heureuses transformations qui s'accomplissent au bout de quelques mois de séjour chez les nouveaux pupilles, transformations qui surprennent et rassurent les familles. D'ailleurs, la bonne mine des pupilles est remarquée de tous les visiteurs.

Régime professionnel.

L'exploitation d'un domaine de 240 hectares constitue la principale ressource professionnelle de l'établissement. Le travail d'industrie y est inconnu et les « métiers» n'y sont enseignés qu'à peine à la moitié des pupilles.

Sous la direction technique d'un régisseur des cultures et sous l'impulsion et la surveillance d'agents, maîtres d'apprentissage, sont affectées, à titre permanent à l'agriculture les brigades ou sections suivantes dont l'effecif varie peu et était, au 31 décembre 1911, ainsi fixé :

5 brigades de culture		96	pupilles.
1	— vachers	16	—
1	— bouviers	12	—
1	— charretiers	14	—
1	— porchers et bergers	9	—
1	— garçons d'écurie	7	—
1	— jardiniers	19	—
	Total	173	pupilles.

Les 5 brigades de culture ne sont pas constituées au hasard ; elles groupent les pupilles par âges ou par degré de développement et en tenant compte dans une certaine mesure de la pratique acquise en culture. Ainsi, la 5ᵉ brigade réunit les petits, les jeunes qui débutent ; elle s'occupe des travaux légers : binages, sarclages, fenaison, cueillette des pommes à cidre ; la 1ʳᵉ brigade, au contraire, formée des pupilles les plus forts, les plus âgés et les plus expérimentés, effectue les travaux pénibles : fauchaison, moisson, coupes de bois, etc... Entre ces deux extrêmes, les 3 autres sections marquent une gradation ascendante dans l'âge des éléments dont elle sont composées et dans la difficulté des travaux qui leur sont confiés ; elles marquent aussi les diverses étapes à parcourir pour faire l'apprentissage des travaux de la terre.

Parmi les «jeunes » des brigades agricoles, on recrute la section des vachers parmi les « moyens », celles des bouviers et des porchers et parmi les « grands », celles des charretiers. Ils reçoivent un complément d'apprentissage dans ces groupes annexes, en apprenant à traire, à labourer, à conduire les chevaux et, d'une façon générale, à soigner les animaux.

Les jardiniers forment une section indépendante où les pupilles sont placés à titre permanent.

L'enseignement agricole, essentiellement pratique, vise à former des domestiques de ferme. Quelques notions théoriques sont données, suivant les programmes des écoles publiques, par les instituteurs dans leurs classes et par le régisseur des cultures au moyen de causeries et conférences faites aux sections de culture les jours de mauvais temps.

Les produits de l'exploitation, et particulièrement les animaux élevés à la colonie, ont figuré avec avantage en 1910, au concours agricole de Gaillon où ils ont obtenu les premiers prix.

La coupe des bois

Le battage du blé

A la *section industrielle*, que nous devrions plus modestement et plus exactement appeler section ouvrière ou artisane, on prépare des ouvriers de métier, des artisans — le travail n'ayant heureusement rien qui rappelle l'usine ou la manufacture moderne —. On y enseigne le travail du bois, charpente, menuiserie et charronage; le travail des métaux à la maréchallerie, à la serrurerie, à la plomberie-ferblanterie; la fabrication de matériaux de constructions, brique et chaux et leur emploi par la maçonnerie.

Elle comprend un groupe de peintres en bâtiments, un atelier de cordonnerie, une section de boulangers et une section de cuisiniers.

Au 31 décembre 1911, cette section comprenait :

Bois	Charpentiers	6
	Menuisiers	6
	Charrons	13
Métaux	Forgerons	6
	Serruriers	3
	Ferblantiers-plombiers	4
Construction	Terrassiers	52
	Briquetiers-chaufourniers	7
	Maçons	9
	Peintres en bâtiments	2
Vêtement	Cordonniers	12
Alimentation	Boulangers	6
	Cuisiniers	13
Soins domestiques	Service de propreté et de santé	28
	Total	167
Report :		
	Agriculteurs	173
	Arrivants non classés	2
	Ensemble	342

Placée sous la direction de l'instituteur-chef, qui remplit dans les colonies le rôle de sous-directeur, cette section ne comprend que des ateliers et chantiers d'apprentissage et de production chargés de pourvoir aux besoins de l'établissement. La main-d'œuvre n'y est pas exploitée ni concédée à des particuliers. En cela, la colonie diffère essentiellement de la prison et de la maison centrale où le travail rémunéré donne droit à l'achat de vivres supplémentaires dits de « cantine ». S'il n'y a pas à désirer l'organisation de travaux concédés, lorsque les ressources offertes par l'établissement pour l'emploi de la main-d'œuvre sont suffisantes, on peut regretter, sinon la gratuité du travail, tout au moins l'absence de récompenses pécuniaires plus élevées et proportionnées à l'effort. Il y aurait avantage peut-être à donner à ces jeunes gens l'impression qu'ils ne sont pas condamnés à un servage, que par le travail ils peuvent contribuer à l'amélioration de leur situation présente ou *future* et que l'éducation professionnelle à laquelle ils sont soumis est absolument désintéressée.

Essentiellement pratique, sans travaux de cours, sans exercices théoriques, sauf au début et en certaines professions seulement, l'enseignement vise à la formation de demi-ouvriers. Le travail n'est pas divisé, ni spécialisé en vue de sa production, mais gradué du facile au difficile, du simple au complexe, pour conduire d'échelon en échelon à la connaissance du métier ou tout au moins de ses éléments.

Les produits récoltés ou fabriqués, qu'il s'agisse du domaine ou des ateliers, consommés ou utilisés dans l'établissement, ne profitent directement ou indirectement qu'aux pupilles qui travaillent tous pour chacun et chacun pour tous. Par ce genre de vie qui lui est imposé, par le but assigné au travail, cette agglomération pénitentiaire mérite encore le nom de « colonie » (au sens naturel du mot) que le législateur de 1850 lui a donné et que celui de 1906 a substitué dans le Code à la désignation impropre et fâcheuse de « maison de correction ».

En ces 5 dernières années (1907-1911), les ateliers et chantiers ont construit :

Un bâtiment de 32 cellules d'isolement au moyen d'un crédit de 6.500 francs seulement et un bâtiment d'habitation de 16 pièces pour loger 4 familles de surveillants, avec un crédit égal. Les matériaux de construction, brique et chaux ont été fabriqués par les pupilles ; les bois de charpente, tirés en grande partie des bois de l'établissement, ont été travaillés sur place également par les pupilles ; les matériaux achetés, sable, plâtre, ciment, tuiles, fer, transportés à pied-d'œuvre par les attelages. Ces constructions sont l'œuvre entière des ateliers et chantiers de la colonie, depuis les terrassements jusqu'à la serrurerie, la menuiserie, la plomberie et la peinture ; pas un ouvrier libre n'a collaboré aux travaux dont la valeur équivaut à 4 ou 5 fois la dépense réelle.

Les pupilles ont également assuré pendant cette période l'entretien des bâtiments, du matériel de culture et du mobilier et exécuté les travaux de moindre importance suivants :

Séparation des classes par des cloisons en briques ;

Dallage des préaux couverts en béton de ciment ;

Agrandissement des water-closets ;

Construction de canalisations conduisant les purins stagnants au jardin potager ;

Construction d'une piscine de 50 mètres sur 10 mètres dallée en béton et alimentée par un ruisseau ;

Réfection sur une longueur de 4.000 mètres et construction des chaussées des routes et chemins.

Chantier des charpentiers

Ils ont collaboré :

A l'installation *gratuite* d'une canalisation pour l'éclairage au gaz et à l'installation d'un moteur actionnant la pompe élévatrice par le creusement de 3.000 mètres de tranchées;

A la construction d'un quartier cellulaire à Gaillon par la préparation et la pose d'une partie des charpentes.

La réfection et le perfectionnement des fours de la boulangerie, la pose d'un téléphone reliant la colonie au bureau de poste et à la colonie correctionnelle de Gaillon, comportant l'emploi d'ouvriers spécialistes, ont seuls été effectués sans le concours des pupilles, par voie d'entreprise.

Le temps consacré au travail varie avec la durée du jour; de 8 heures et demie en plein été, il descend à 5 heures et demie en hiver.

Vastes et très simplement aménagés, sans aspect prétentieux d'usine moderne, les ateliers ont un cube d'air 3 ou 4 fois supérieur au minimum prévu par la loi, dont toutes les prescriptions relatives à l'hygiène et à la sécurité des ouvriers sont scrupuleusement observées. De 1907 à 1911, il ne s'est produit aucun accident grave, malgré l'importance et le danger de certains travaux; tout au plus, a-t-on constaté quelques blessures bénignes : des ecchymoses chez des terrassiers touchés par un éboulement ; une paillette de fer projetée dans l'œil d'un serrurier ; deux ou trois coupures pendant la fauchaison.

Les surveillants des brigades de culture sont munis de trousses qu'ils emportent dans les champs et qui leur permettent de faire un pansement aux blessés et aux pupilles victimes de morsures de vipères. Ce dernier accident ne s'est jamais produit.

L'entrée dans la section agricole ou la section artisane est déterminée par des considérations de goûts, d'origine et d'avenir des pupilles. Le classement, au moins à titre provisoire, est quelquefois imposé par le défaut d'équilibre entre les demandes et les ressources offertes par l'établissement dans ces deux voies. Plus des deux tiers des pupilles, originaires des villes, marquent une préférence légitime pour l'atelier qui ne peut en recevoir que la moitié à peine. D'où nécessité d'établir un tour de rôle et d'astreindre le futur artisan à un stage temporaire dans la culture ou dans les services intérieurs. Perdue pour l'apprentissage, cette période de travail au grand air est loin d'être inutile au point de vue physique. Les anémiés, les chétifs et les malingres d'origine urbaine trouvent dans la vie des champs des couleurs et une vigueur telles, qu'il faut considérer ce séjour comme bienfaisant et souvent comme nécessaire.

Les groupements.

Il convient, à propos du travail d'indiquer comment la population est groupée à la colonie des *Douaires*.

Deux groupes sont à peu près permanents, basés sur l'âge et le degré de développement physique et intellectuel des pupilles. D'un côtés, les « jeunes ».

formant des brigades spéciales de culture, disposant d'une cour, d'un dortoir et appelés *sous peu* à prendre leurs repas dans un réfectoire séparé (un projet de division des réfectoires a été présenté au budget de l'exercice 1912).

Le reste de la population est subdivisé en « moyens » et « grands ». Mais, tandis que la séparation de ces deux groupes est complète au dortoir, que deux cours différentes leur sont affectées (2 réfectoires le seront à bref délai), elle ne se maintient au travail que dans les brigades de culture proprement dites, disparaissant dans les groupes annexes et aux ateliers.

A l'école, la population étant répartie en 6 classes d'après le degré d'instruction, aucun de ces groupements ne peut être maintenu.

En 1907, une brigade d'observation et d'épreuve, cantonnée aux alentours de la colonie sous une surveillance plus étroite, a été formée pour recevoir les arrivants et les monomanes de l'évasion à acclimater.

Aucune division ne peut reposer sur une base plus certaine et d'une valeur plus grande au point de vue moral que l'âge. Et encore ne peut elle être maintenue dans toute sa rigueur lorsqu'on se trouve en présence des exigences du travail manuel et du travail scolaire. Une sélection basée sur la nature du délit serait bien trompeuse. Outre qu'elle aurait pour résultat de mettre les grands en contact avec les petits, ce qui serait déplorable pour les mœurs, elle se heurterait aux mêmes difficultés d'application.

On ne peut, dans la formation des groupes, viser à l'absolu. Séparer les petits qui méritent une protection particulière; maintenir cette séparation aux diverses phases de la journée autant qu'il est possible, en leur affectant des travaux spéciaux, tel est le but à viser et le seul accessible.

Il convient de remarquer d'ailleurs que l'Administration supérieure effectue elle-même une triple sélection générale basée sur l'âge, sur la profession, sur l'état moral des pupilles. Chacun sait, en effet, qu'elle envoie à la colonie de Saint-Hilaire les mineurs de 12 ans ; de préférence à Auberive ceux de 12 à 14 ans ; à Saint-Maurice ceux de 14 à 16 ans ; au Val-d'Yèvre et aux *Douaires* ceux de plus de 16 ans ; chacun sait également qu'elle affecte à Belle-Ile, à Aniane et à Saint-Bernard les pupilles désirant apprendre certains métiers ; qu'enfin, elle évacue sur Eysses et sur Gaillon les indisciplinés des colonies.

Les affectations spéciales données à la plupart des établissements publics diminuent l'importance du groupement en chacun d'eux et en affaiblissent la portée, sans toutefois le rendre inutile.

Charges financières.

Si la main-d'œuvre des pupilles, par l'exploitation du domaine, par la production des ateliers, atténue les charges de l'établissement, elle est loin de pourvoir à tous les besoins. On a longtemps caressé le rêve de colonies se suffisant à elles-mêmes ; mais ce n'était qu'un rêve chimérique : il s'évanouit sous la réalité brutale des faits. Le simple bon sens eût suffi d'ailleurs à dissiper cette illusion. Comment espérer, aux *Douaires* par exemple, faire vivre sur un domaine de 280 hectares et de fertilité moyenne une agglomération — personnel non compris — de 400 individus ? A ce compte, le sol de la France pourrait nourrir près de 100 millions d'habitants.

La colonie est donc à la charge du budget de l'État. En 1910, le Trésor a dû acquitter les dépenses suivantes faites par l'établissement.

	fr. c.
1° Entretien des pupilles et frais généraux (nourriture, blanchissage, éclairage, chauffage, soins aux malades, fournitures d'école etc.).	97.679 95
2° Transfèrements à la colonie et voyages de pupilles appelés en justice, à l'engagement, conduits dans les hôpitaux	3.343 50
3° Enseignement professionnel. *Confections* (frais de fabrication de vêtements dans les ateliers de l'établissement, outillage, matières premières, contremaîtres libres etc.)	6.225 79
4° Enseignement professionnel. *Travaux aux immeubles et au mobilier* (construction et réparation de bâtiments ou d'objets mobiliers, y compris les dépenses d'achat de quelques objets mobiliers et quelques travaux en entreprise)...............	12.155 68
5° Enseignement professionnel. *Exploitation agricole* (achat de semences, d'engrais, d'animaux, contributions etc.)..........	14.993 49
6° Récompenses aux pupilles et publications (gratifications en bons points et en livrets d'épargne, journaux officiels, agricoles et pédagogiques, etc.)	3.553 85
7° Acquisitions d'immeubles	687 51
8° Personnel (traitements, indemnités et accessoires de traitements.)...................................	98.717 62
Total..............................	237.357 39

Le nombre des journées d'entretien s'étant élevé à 135.607, le prix de la journée ressort à 1 fr. 75, se décomposant ainsi :

		fr. c.	fr. c.
1° Personnel..		»	0 72
2° Pupilles...	a) Entretien...............................	0 72	
	b) Transfèrements et voyages...................	0 03	
	c) Enseignement professionnel et entretien du domaine, des immeubles et du mobilier.....	0 24	1 02
	d) Récompenses et publications................	0 03	
3° Domaine .	Acquisitions d'immeubles	»	0 01

Nous n'avons pas, par les paiements de dépenses engagées au cours d'un exercice, le chiffre exact du prix de revient de la journée d'entretien. Il faudrait tenir compte de la valeur des produits reçus de l'exploitation agricole, de ceux reçus par cession des autres établissements pénitentiaires et vice-versa, des produits livrés au personnel et payés au Trésor, etc... Le prix de revient, pour être exact, devrait d'ailleurs s'établir sur la valeur de la consommation de l'usure et de l'amortissement et non sur le montant des approvisionnements ou achats faits dans l'année et en tenant compte par conséquent des chiffres accusés par les inventaires généraux à l'ouverture et à la clôture d'une période annale.

Calculé sur ces bases, et en évaluant tous les éléments susceptibles de le faire varier, le prix de revient de la journée de pupille ne serait, d'après les comptes de l'économat, guère inférieur à 2 francs.

Régime intellectuel et moral.

L'éducation morale se fait partout et par tous les collaborateurs du Directeur, même les plus modestes, si l'on entend accorder, comme il convient, aux exemples donnés, à la discipline imposée, aux idées répandues et aux conseils distribués, l'influence qu'ils méritent.

Cette éducation est de tous les instants ; elle est subordonnée à l'action du personnel tout entier.

Avec l'autorité qu'il tient de sa fonction, le simple *surveillant* peut, par son ascendant et son influence personnels — variables d'un individu à l'autre — modifier profondément l'esprit d'un groupe, le cours des idées chez les pupilles individuellement, s'il parvient à s'imposer, à se faire respecter et à se faire aimer.

C'est là le côté élevé d'une fonction modeste, qui n'est facile qu'en apparence et qui exige, en réalité, des qualités rares de patience et de bonté, de fermeté et de vigilance. Si l'humble surveillant sait comprendre le caractère simple, paternel, grave sans prétention, à donner à son rôle ; s'il sait se départir du ton et des allures rogues et cassantes à la « sous-off » ; s'il sait se faire éducateur sans le paraître ; s'il se montre d'une fermeté bienveillante, d'une équité indulgente, son autorité est acceptée sans difficultés et son action morale ne tarde pas à se manifester dans son groupe, par la discipline générale, par une saine émulation au travail, par l'esprit d'obéissance et l'apparition d'ambitions et d'idées de relèvement.

Toujours mêlé à la population, le surveillant vit de la vie des pupilles ; leurs joies et leurs peines sont un peu les siennes ; il subit les mêmes intempéries, s'impose les mêmes fatigues. Ce contact constant et cette communauté d'existence donnent à son autorité permanente et immédiate une portée qui n'est atteinte par celle d'aucun des autres membres du personnel. On peut dire que son influence éducative est déterminante.

Au-dessus, s'exerce à l'école, par l'enseignement, par des causeries et des conférences, l'action plus délicate et plus élevée de l'*instituteur*.

Son enseignement vise à l'éducation ou à la rééducation plus qu'à l'instruction, car il importe moins pour ses élèves d'étendre le champ de leurs connaissances, que de modifier leur manière de sentir et de penser que de susciter des émotions nobles, de provoquer un réveil de la conscience, de les ramener à des idées saines et à une autre conception de la vie. Il a moins à se préoccuper de faire des élèves instruits que des jeunes gens pensant et raisonnant mieux et agissant de même.

Sans prétention dogmatique, familier et paternel, tout entier imprégné de l'idée de réforme et de relèvement qui doit le dominer, cet enseignement doit créer dans la classe une atmosphère saine et vivifiante qui pénètre l'élève peu à peu, à son insu même et le régénère. La tâche est difficile et ingrate. Il faut lutter contre les tendances de ces adolescents déjà sceptiques et assoiffés de plaisir, contre les idées malsaines, acquises dans les milieux corrompus, qui se réflètent des uns sur les autres, contre la contagion sournoise du vice dont les formes sont aujourd'hui si accusées et si variées.

La censure sévère des fautes commises, l'emploi de termes méprisants et les mouvements de colère rendraient le maître antipathique ou ridicule, affaibliraient son autorité et le conduiraient à un échec certain. Il lui faut oublier le passé, rechercher ce qui subsiste de bon chez ces adolescents, amour-propre, sentiments affectifs, etc... l'utiliser et en faire la base de la réforme à tenter. Un philosophe a dit avec raison : « Rien n'est plus capable de nous porter au mal que la mauvaise opinion que l'on a de nous ». Inversement, on peut poser en principe que « rien n'est plus capable de nous porter au bien que la bonne opinion que l'on a de nous ».

L'instituteur doit vaincre ses répugnances, se garder de toute parole blessante, s'appliquer à discerner les efforts sincères et les encourager en témoignant discrètement sa satisfaction, signaler publiquement les actes méritoires et les succès obtenus par les anciens pupilles dans la carrière militaire ou la vie civile. On réussit ainsi à susciter une émulation et un amour-propre individuel et collectif et à relever à leurs propres yeux ces déchus, condamnés par leur passé à la pitié ou au mépris publics et par cela même très sensibles aux marques d'estime et de confiance venues de leurs supérieurs, lorsque ces encouragements sont mérités.

Par le cœur bien plus que par l'esprit, on a prise sur ces instinctifs plus accessibles au sentiment qu'à la raison. Provoquer par des lectures ou des récits de fortes et saines émotions est le plus sûr moyen de gagner leur cœur et de rectifier leur mentalité.

En communauté de sentiments avec ses élèves, le maître s'impose à son auditoire ; l'opinion publique lui est favorable — l'opinion de la classe – il est « gobé ». Il peut alors tout dire, tout se permettre et proclamer bien haut les principes qui condamnent le passé des élèves. Accueillie avec déférence, sa parole a une portée réelle, même sur les plus réfractaires aux lois de la morale, sur les plus rebelles à toute contrainte. L'enseignement répandu sur un groupe hostile est de la semence jetée dans le vent. Elle ne pénètre ni ne germe dans l'âme de l'adolescent.

Le prestige et la bienveillance éclairée et judicieuse de l'instituteur — comme l'ascendant ferme et paternel du surveillant — sont les conditions essentielles du succès pour les deux ouvriers de l'œuvre de rééducation et de relèvement des mineurs en correction.

Il a été indiqué que l'école reste ouverte du 1er octobre à l'examen du certificat d'études primaires, qui vient en juin couronner d'un modeste diplôme les efforts des meilleurs élèves.

Répartie en 3 cours, élémentaire, moyen et supérieur, dans 6 classes dirigées chacune par un instituteur, la population reçoit un enseignement déterminé dans ses matières essentielles — lecture, écriture, langue française, calcul, histoire, géographie. éléments des sciences, de l'agriculture ou du dessin — par les programmes des écoles primaires publiques.

L'enseignement du solfège, facultatif, donné aux heures de travail, par un instituteur dont c'est l'unique fonction, prépare à la musique instrumentale et assure le recrutement de la fanfare de la colonie. Cette fanfare donne des concerts le dimanche, prête son concours aux fêtes et prend part aux grandes promenades. Elle a obtenu en 1911, au concours musical de mantes, 3 premiers prix, en lecture à vue (avec félicitation du jury), en exécution et en concours d'honneur.

L'enseignement de la musique n'est pas donné comme un art d'agrément ou pour le plaisir luxueux d'entretenir une fanfare. Ainsi conçu, il serait déplacé. Il a un but pratique : faciliter l'entrée dans l'armée, par les musiques régimentaires et l'accès des grands établissements industriels dotés de sociétés musicales qui admettent volontiers et recherchent même les instrumentistes.

Très méthodiquement et très judicieusement organisé, cet enseignement ne fait ni artistes ni virtuoses, mais il donne à tous de solides connaissances par une longue étude préparatoire du solfège et par la pratique quotidienne d'un instrument.

De 2 heures et demie pendant les six premiers mois de l'année scolaire, la durée de la classe s'abaisse graduellement sans descendre au-dessous d'une heure. Une étude a lieu le matin après le premier repas, de 6 heures et demie au lever du jour.

Les maîtres s'attachent à apprendre à lire et à écrire aux illettrés et à tous ceux dont les connaissances sont si faibles qu'il leur est impossible de les utiliser. De ce côté le succès est à peu près certain, lorsque l'ignorance résulte de la non fréquentation de l'école et non d'une incapacité absolue des sens ou de la mémoire. C'est là, au point de vue instruction, le but vraiment intéressant et utile à poursuivre. A l'autre extrémité des groupes scolaires, l'école péni-nitentiaire parachève les études primaires des mieux doués en les préparant aux épreuves du certificat d'études. Dix à quinze élèves les subissent avec succès annuellement et voient ainsi couronner leurs efforts par un titre pour eux sans valeur effective, mais d'une portée certaine comme stimulant à l'étude.

Au-dessus de ce groupe, les pupilles pourvus du certificat forment le cours supérieur. Entre les deux extrêmes, on rafraîchit plutôt qu'on étend les connaissances acquises à l'école primaire, le maître se proposant, ainsi qu'il a été indiqué, bien plus de relever le niveau moral de ses élèves que de développer leur instruction.

Aux points de vue intellectuel et moral, et peut-être sous le rapport professionnel, la condition faite aux pupilles de la colonie est supérieure à celle des adolescents de même âge restés dans la vie libre. Plus éducatif que répressif, le régime comporte une culture qu'on s'efforce de procurer à ces derniers par les institutions post-scolaires. L'Administration pénitentiaire française — et c'est une constatation qui ne manque pas de saveur — a devancé l'enseignement

Une conférence hebdomadaire a la chapelle

public dans cette voie : elle n'a rien à envier non plus aux œuvres similaires des nations voisines. Il en est bien peu, parmi ces innovations apportées à grand fracas de l'étranger qui n'existent déjà en fait chez nous sous un nom différent. Le remède est ancien, l'étiquette seule est nouvelle.

Une bibliothèque met à la disposition des pupilles ses 1.000 volumes, choisis parmi les œuvres d'imagination, de vulgarisation scientifique, d'histoire, de géographie, parmi les relations de voyages ou les œuvres classiques, pour les lectures collectives ou les lectures individuelles. Les salles de classe, devenues salles de lecture, sont ouvertes le dimanche ; les livres, par mesure de conservation, ne sont jamais emportés hors de l'école.

La promenade et les jeux seuls sont permis sur les cours ; la récréation étant tout entière consacrée aux exercices physiques. Dans l'intervalle des devoirs et des leçons, l'élève peut d'ailleurs disposer d'un livre et consacrer à la lecture les loisirs de l'école.

Les causeries des maîtres dans leur classe et les conférences hebdomadaires d'été qui réunissent toute la population portent sur les questions (politique exclue) susceptibles d'intéresser ces jeunes gens, de fournir à leur curiosité et à leurs conversations un aliment sain. De l'actualité, par la relation des événements militaires, scientifiques, artistiques, voire littéraires, par l'exposé des questions de politique internationale et de législation ouvrière, par la relation des actes de dévouement et d'héroïsme — en se gardant de la banalité du « fait divers » — de tous les événements de la vie contemporaine enfin, le maître avisé peut tirer un enseignement d'une haute portée.

Retranchés momentanément de la société, les mineurs en correction ne doivent pas, comme les adultes, être tenus dans l'ignorance des faits du « dehors ». Ce serait une détestable préparation à la vie sociale de les parquer et d'élever un mur infranchissable entre eux et le monde extérieur. Laissons au contraire la lumière tamisée du dehors les baigner et leur créer une atmosphère de régénération.

De même, les faits heureux, les actes louables concernant les camarades libérés cités publiquement ne sont pas sans exercer leur influence en donnant naissance à une certaine fierté collective, en suscitant des émulations et des ambitions individuelles très ardentes. Une pieuse coutume veut que les noms des devanciers morts sous les drapeaux soient inscrits sur une plaque bien en évidence dans la grande salle du réfectoire. On raconte la vie de ces « héros » ; des légendes même se forment autour d'eux, leur créant une auréole glorieuse ; les pupilles sont orgueilleux de ce passé et rêvent d'un avenir semblable fait de courageux exploits militaires.

Dans un champ moins vaste, quelques paroles prononcées à propos d'un acte méritoire accompli par un « civil » et témoignant du respect et de l'estime des supérieurs pour l'ouvrier qui gagne fièrement sa vie par son labeur, — si humble que soit sa condition, — font plus pour réhabiliter le travail aux yeux de ces précoces déserteurs de l'atelier que la plus docte leçon ou le meilleur traité de morale.

Les petits moyens en matière d'éducation sont les plus efficaces ; par des voies détournées, on arrive à leur faire admirer les vertus opposées aux vices qu'ils affichent. Ce serait d'ailleurs une maladresse d'attaquer de front leurs défauts et il serait de peu d'utilité de leur vanter la probité, le travail, le courage persévérant, si on ne concrétisait ces idées par les exemples qui les flattent dans leur secret amour-propre. On parvient ainsi indirectement à les rattacher aux idées d'honneur et de probité et à la vie sociale active et régulière.

Il y a souvent en eux plus de forfanterie et de cynisme affectés que de perversité réelle. Tel par gloriole se vante en petit comité de ses exploits comme pickpocket ou cambrioleur et vient déposer bénévolement entre les mains de son surveillant un objet ou une pièce de monnaie trouvés. Que de choses perdues se retrouvent par les pupilles ! Avec deux ou trois montres, des bijoux, un revolver, ils ont restitué à leurs propriétaires deux porte-monnaie contenant l'un 17 fr. 50 et l'autre 30 francs; ainsi qu'un billet de banque de 50 francs.

Ils s'émeuvent des catastrophes et des calamités publiques. En 1910, ils ont adhéré avec enthousiasme à une souscription en faveur des inondés et versé 40 francs en tickets de 5 centimes — et on avait dû limiter la cotisation à un ticket.

Lorsque tout a sombré en eux, le cœur subsiste presque toujours intact, prêt à vibrer au spectacle des infortunes d'autrui. C'est par le cœur que l'éducateur les amène à lui et les tient sous sa domination.

Culte et instruction religieuse. — Un aumônier catholique, vicaire de la paroisse de Gaillon, célèbre les offices, donne l'instruction et les soins religieux à une quarantaine de pupilles ayant déclaré vouloir suivre les exercices du culte devenus facultatifs en 1908.

Régime disciplinaire.

Pour contenir une population formée des pires éléments de l'adolescence, de révoltés habitués à donner libre cours à leurs mauvais instincts et à leurs vices, en méprisant l'autorité, d'individualistes n'admettant aucune limite à leur liberté, aucune contrainte au plein épanouissement de leurs penchants, de leurs désirs, de leurs caprices et de leurs appétits, d'impulsifs soumis — sans aucun contrôle de la raison, sans frein — à toutes les suggestions des sens ou des passions, il faut, de toute nécessité, une forte pression disciplinaire, la crainte de *punitions* sévères.

Pour les amener à s'imposer d'eux-mêmes une discipline et des habitudes d'ordre, de travail, de respect pour la vie, la liberté et la propriété d'autrui, il faut d'abord modifier leur mentalité, puis solliciter leurs efforts par l'espoir de récompenses et par la certitude de la récompense suprême, la liberté. On donne ainsi un but à l'internement en colonie ; on fait de la libération anticipée l'aboutissement de longs et persévérants efforts tentés par l'individu sur lui-même en vue de sa propre réforme et de son reclassement social.

La volonté se développe et s'affirme en présence des obstacles à vaincre, qui se dressent nombreux sur la longue et dure route à parcourir : lutte de tous les instants contre les impulsions mauvaises, contre les habitudes acquises; lutte contre l'influence du milieu, contre les embûches et les intrigues de camarades pervers, contre les rivalités de clans où l'on est menacé à toute heure d'être entraîné et compromis. Il faut au pupille décidé à conquérir sa liberté une force de volonté et une énergie de caractère vraiment viriles, et la récompense n'est pas au-dessus du mérite qu'elle exige.

L'échelle des *récompenses* adoptée par le règlement de 1869 ne présente à la colonie des *Douaires* que quelques particularités d'application.

L'*inscription au tableau d'honneur* s'acquiert par trois mois passés sans punition, ou trois mois de « bonne conduite ». Elle est suivie trimestriellement d'un repas spécial collectif.

Les *galons* sont de deux sortes; les uns marquent une double inscription au tableau d'honneur et peuvent être juxtaposés; les autres, insignes d'un grade, confèrent une autorité temporaire aux exercices de gymnastique, à la manœuvre de la pompe, à l'école des tambours et des clairons etc..... Les musiciens portent sur le bras une lyre en drap ou brodée en argent, suivant leur rôle comme exécutants.

Distribués sous forme de tickets nominatifs les *bons-points* ont une double valeur ; chacun d'eux vaut 5 centimes pour le pécule et donne droit à l'équivalent en vivres supplémentaires, en jouets et en gâteaux les jours de fête. Ils peuvent aussi être employés au paiement de photographies faites par un amateur et au rachat des punitions légères. Il est distribué annuellement environ 40.000 tickets, soit 2.000 francs en argent pour le pécule et autant en nature.

Des *livrets d'épargne* viennent récompenser les pupilles les plus méritants à l'occasion de la fête nationale et quelquefois au 1er janvier comme étrennes.

La disposition des locaux et l'organisation générale de la maison n'ont pas permis la création du *quartier de récompense* prévu par le règlement.

Mais la *libération anticipée*, largement accordée sous forme de placement familial, de libération provisoire avec remise du pupille à ses parents, d'engagement dans l'armée, tout en restant subordonnée à des conditions sévères et précises, vient récompenser plus utilement les efforts de tous.

L'utilité d'un quartier de récompense, dans un établissement qui dispose de ressources suffisantes pour le placement, est très contestable.

En 1910, il a été accordé :

    384 récompenses honorifiques ;
42.110 récompenses pécuniaires en tickets (2.187 fr. 65 pour le pécule) ;
    54 livrets d'épargne (valeur 380 fr.) ,
    384 libérations anticipées.

L'échelle des *punitions* en usage à la colonie des *Douaires* ne comprend ni les mauvais-points, ni les corvées autorisées par l'arrêté de 1869.

La *privation partielle de récréation* s'exécute par le piquet sur la cour pendant les jeux; la *privation de literie*, suspendue pendant les froids, est limitée au matelas et la *privation de vivres* porte d'abord et de préférence sur les aliments supplémentaires ou extra-réglementaires.

Le *peloton de discipline*, ou groupe de punis séparés de la population le jour et la nuit, est condamné à des marches et à des exercices rythmés alternant avec des repos de durée au moins égale et avec l'inévitable corvée d'épluchage des pommes de terre.

Au-dessus de la séparation en groupe, vient, au sommet de l'échelle des punitions, l'*isolement individuel* dans une cellule qui n'a rien, hâtons-nous de le dire, du légendaire « cachot sombre jonché de paille humide ». C'est une chambre très blanche, très aérée et très claire de 2 mètres sur 3 mètres, meublée sommairement d'un lit de camp, d'une tablette mobile et d'un banc. N'était la fenêtre un peu élevée donnant directement sur la campagne et la porte fermée par une serrure et un verrou un peu forts, rien ne distinguerait cette cellule d'une chambre d'ouvrier.

Le pupille qui s'est rendu coupable d'une faute grave et a été puni de cellule, passe dans ce local son temps à lire, à écrire, quelquefois à travailler, toujours à se calmer et à réfléchir. Il y reçoit 4 ou 5 visites par jour, les unes de surveillants gradés, les autres des instituteurs, de l'instituteur-chef ou du directeur, sans compter celles du médecin tenu de s'enquérir de l'influence de l'isolement sur la santé du puni et de noter ses observations.

Limitée à une durée de quelques jours, cette punition ne peut-être prolongée au-delà de 15 jours sans l'autorisation du ministre.

Lorsque tous les moyens de répression dont dispose la colonie pénitentiaire ont échoué, le pupille rebelle déclaré insubordonné est dirigé par ordre ministériel sur une colonie *correctionnelle*.

D'après les relevés très exacts de la statistique de 1910, 133 fautes ou infractions signalées hebdomadairement au directeur en moyenne ont reçu les sanctions suivantes :

   19 réprimandes ;
   101 privations de récréation, de matelas ou d'une partie des vivres ;
   8 punitions de peloton de discipline ;
   4 punitions de cellule ;
   1 transfèrement dans une colonie correctionnelle.

Relations avec la famille. — Sauf le cas de déchéance de la puissance paternelle, de détention ou d'immoralité avérée, les relations du pupille avec ses parents ne sont jamais entravées. Pour peu que la famille soit capable de contribuer au relèvement de l'enfant, il est fait appel à son concours. Les relations rompues sont renouées, les réconciliations, les recherches de parents disparus facilitées. On veille à l'envoi régulier d'une lettre au moins par mois à la famille ; au besoin, en présence d'un caprice de l'enfant, on avertit les siens en les informant de son état de santé et de sa conduite. Aucune demande de renseignements venue d'une personne portant intérêt au pupille ne reste sans réponse.

Il importe de grouper autour de lui toutes les affections familiales, toutes les amitiés, toutes les sympathies susceptibles d'aider à son relèvement; il importe surtout d'éviter que les parents honnêtes n'en arrivent par lassitude, découragement ou dépit à l'abandon complet de l'enfant.

Les visiteurs sont admis à passer l'après-midi du dimanche et à faire collation avec les pupilles dans un parloir ou en plein air sur une avenue ombragée. L'affluence est telle les jours de fête que la table du parloir prend les proportions et l'animation d'une table de banquet. Cependant, tout se passe correctement sous la surveillance constante d'un agent. Il y a bien de temps à autre quelques cigarettes fumées ou passées à la dérobée, quelques menues pièces de monnaie glissées discrètement dans la main du visité; mais ces cadeaux clandestins n'ont jamais eu de conséquences sérieuses.

Il n'est admis ni linge, ni aliments, ni friandises, ni menus objets de toilette qui, devenus la propriété personnelle du pupille, donneraient lieu à des trocs, à des compétitions, à des larcins, à des discussions et à des rixes, très préjudiciables à l'ordre et à la discipline. Les photographies des membres de la famille seules sont reçues et conservées à la disposition des destinataires.

Les conditions requises pour obtenir une libération anticipée remplies, la famille intervient enfin, à la demande du directeur pour solliciter du Garde des sceaux la remise du pupille, pour consentir à son engagement ou pour marquer sa préférence pour le placement.

Aux approches de la libération définitive, une enquête auprès des autorités administratives du département d'origine détermine la position des parents et les conditions morales et matérielles qui seraient faites au libéré en cas de retour auprès des siens. Au vu de ces renseignements, le directeur indique au libéré le meilleur parti à prendre, sans lui imposer son avis, — rapatriement engagement ou placement — et prend les dispositions que comporte la décision de ce dernier, affranchi désormais de la tutelle pénitentiaire.

La famille est associée à tous les actes importants de la vie du mineur en correction. Si faibles que soient les liens familiaux, il faut se garder de les briser. C'est, dans la majorité des cas, par ces liens que l'enfant est ramené au foyer et à la vie sociale normale.

Libération anticipée.

La libération anticipée intervient sous trois formes : l'une, le *placement familial*, ne donne qu'une liberté précaire ; elle laisse le pupille sous l'autorité du directeur par l'intermédiaire d'une personne honorable choisie comme patron : c'est une mesure prise par le chef d'établissement, sous réserve de l'approbation ministérielle et révocable dans les mêmes conditions ;

La seconde, la *libération provisoire*, subordonnée à une décision du ministre, ne peut être rapportée que par lui ; elle assure plus d'indépendance au pupille qui se trouve soustrait à la tutelle du directeur et ramené sous celle de la famille ou du parent à qui il est confié ;

La troisième enfin, *l'engagement militaire*, par l'entrée sous les drapeaux, assure une libération définitive et irrévocable.

Puissant moyen d'action disciplinaire et éducative, la libération anticipée est, avec raison, largement accordée. La correction n'est pas une peine, mais une mesure administrative dont le terme, fixé par les tribunaux, est une limite extrême en deçà de laquelle, l'Administration peut légalement prendre à l'égard du mineur toute mesure qu'elle juge utile. L'intérêt social s'accorde d'ailleurs sur ce point avec celui du mineur : il est onéreux de prolonger la mesure de défense prise lorsque le danger a cessé et il y a avantage à rendre à la collectivité les forces nuisibles représentées par la criminalité juvénile dès que la colonie croit les avoir transformées en forces utilisables. Il est humain et sage de rappeler à la vie libre des adolescents dont la faute a l'excuse de l'âge, il est juste enfin et équitable et de bonne politique d'assigner comme terme à leurs efforts la plus haute récompense qu'ils puissent envier, la liberté.

Un internement sans espoir et sans but, une trop longue contrainte sous une constante pression disciplinaire à un âge où la vie se manifeste avec le plus d'énergie, aurait une répercussion désastreuse sur l'organisme et un effet déplorable sur l'esprit et le caractère, produisant ici l'apathie et l'anéantissement de la personnalité, là l'exaspération, les résolutions extrêmes, violentes et désespérées ; d'un côté le parasite, de l'autre le révolté.

Bénévolement accepté par les jeunes, par les enfants, plus difficilement par les adolescents, l'internat pénitentiaire devient très pénible aux jeunes gens de 17 ou 18 ans qui cherchent à s'en affranchir par l'évasion. L'évasion est le fléau des colonies ouvertes où elle règne à l'état endémique, surtout parmi les arrivants non acclimatés qui cèdent souvent plusieurs fois à des crises de spleen. La colonie des *Douaires* — défi jeté aux contempteurs de la maison de correction qui la décriaient en la présentant comme une prison ou un bagne d'enfants — offre toutes facilités et toutes chances de succès aux monomanes de la « fuite », ainsi qu'il a été indiqué précédemment. Nul obstacle matériel ne se dresse devant eux : ils sont à une journée de marche de Rouen et à trois journées de Paris, centres de recrutement, et la plus grande partie de la route peut être parcourue sous bois. Cette conception de la colonie en 1870, recevant des bambins de 10 à 14 ans, ne répond plus aux besoins de la colonie moderne, peuplée d'adolescents de 16 à 18 ans. L'évasion, qui allait déjà progressant avec l'âge des mineurs envoyés en correction, s'est accentuée d'une façon inquiétante à l'arrivée du contingent que la loi de 1906 a attribué aux établissements pour mineurs.

En 1907, on ne compta pas moins de 118 évasions aux *Douaires* ; on n'y gardait plus que les captifs volontaires. Il fallait à tout prix mettre un terme à ces défections qui troublaient profondément la population et fixaient tous les regards sur les directions favorables à la désertion. Des murs de clôture eussent donné plus de sûreté à l'intérieur, sans diminuer en rien l'insécurité du dehors aux heures de travail en pleins champs. La construction de ces murs entraînait une grosse dépense et demandait du temps. Et ce n'était qu'un demi-remède. Mieux valait agir sur l'esprit, faire luire une espérance aux yeux de ces découragés, mettre une étoile dans leur sombre firmament, transformer ces captifs rebelles en artisans de leur propre émancipation en assignant la liberté comme prix à leurs efforts. La libération anticipée, subordonnée à des conditions précises accessibles à tous sans distinction d'âge, d'origine et de passé, c'était une conquête offerte à la population, une récompense susceptible de créer un fort courant de soumission et de perfectionnement individuel. Le résultat escompté ne tardait pas à se manifester par la stabilité de l'agglomération.

Les évasions descendaient entre 30 et 40 en 1908 et 1909, pour tomber à 8 en 1910. Si 1911, marque une recrudescence (41 évasions), due à des causes accidentelles, il n'en reste pas moins acquis que, sous l'influence d'un système se rapprochant du « tiket of leave » des Anglais, les défections ont diminué dans la proportion d'au moins deux tiers et que l'esprit de la population s'est profondément modifié.

L'évasion, plaie des colonies ouvertes, ne saurait disparaître : si belle que soit la cage, si abondante que soit la provende, la porte ouverte, l'oiseau prend son vol. Il y a des natures ardentes, amoureuses de l'indépendance, des aventures ou de la vie nomade ; il y a des caractères volontaires à qui pèsent toute contrainte et toute règle. Ce serait se faire illusion que de caresser l'espoir de leur faire accepter bénévolement le joug pénitentiaire, même sous sa forme la plus douce et la plus légère. Ce serait une autre erreur de croire que la menace de châtiments sévères et une plus forte pression disciplinaire réussiraient là où la douceur a échoué. D'abord une forte discipline est inconciliable avec la vie du pupille en colonie ouverte. La menace de punitions rigoureuses cause plus d'évasions qu'elle n'en prévient. Ensuite, on ne peut songer à introduire à la colonie le régime sévère de la maison centrale. Il y manquerait deux leviers puissants, deux facteurs essentiels d'ordre et de soumission : le travail rétribué et l'usage de la cantine. L'action morale et un bon système disciplinaire, offrant la libération anticipée comme récompense suprême, sont les seuls moyens dont peut disposer un directeur de colonie.

Par un séjour chez des paysans ou des artisans, dans un milieu sain, avec une vie calme et laborieuse, le *placement* se propose de parachever le redressement obtenu à la colonie et de conduire le mineur, par une transition de demi-liberté, à la vie libre et régulière.

Il maintient d'étroites relations entre le pupille et le directeur qui recherche et choisit le placement, en règle les conditions par un contrat de louage, fournit le trousseau, pourvoit aux premiers besoins en cas d'insuffisance de salaire, veille au versement des gages à la Caisse nationale d'épargne, conseille, dirige et surveille le placé par l'intermédiaire du patron, le visite ou le fait visiter périodiquement dans son placement.

On recherche pour lui la vie de famille, qu'il soit appelé aux champs ou à l'atelier, au milieu de groupes peu nombreux, chez de petits cultivateurs ou de simples artisans. Il y est mieux surveillé, mieux soigné ; on s'intéresse bien plus à lui que dans les grandes exploitations agricoles ou industrielles où il devient une simple unité. C'est un fait démontré aujourd'hui par l'expérience que les chances de succès d'un placement sont en raison inverse de l'importance de l'agglomération où il s'effectue, et que le meilleur milieu est celui du ménage sans enfant. Le placé y fait partie de la famille et, pour peu qu'il se montre docile et dévoué, des liens d'affection ne tardent pas à s'établir entre lui et ses maîtres.

Dans les régions où la colonie place depuis longtemps, les pupilles son accueillis sans préventions par les habitants et acceptés dansla société des jeunes gens de leur âge. Mêlés à la jeunesse du village, ils prennent part aux distractions et aux fêtes et s'adaptent parfois si intimement au milieu qu'on voit de« pâles voyous » parisiens se fixer dans la contrée, y revenir, le service militaire accompli, s'y établir définitivement et y faire souche. On ne soupçonne pas que nombre de familles considérées des environs ont pour chefs d'anciens pupilles des *Douaires*.

Le contrat de louage, établi pour un an, impose au patron la charge de nourrir, blanchir et loger le placé, de lui payer des gages, dont le taux, variant de 140 à 400 francs, est susceptible d'augmenter à chaque renouvellement de contrat et de lui verser comme argent de poche au moins 50 centimes le dimanche.

On s'est demandé si cette gratification uniforme de 50 centimes n'était pas trop faible pour des jeunes gens qui ont d'autres besoins que l'enfant d'il y a 30 ans, et s'il ne convenait pas de rendre disponible une partie des gages, pour placer le pupille dans la condition des ouvriers de son âge et pour l'exercer à faire un emploi raisonnable de son salaire. Saisie de la question l'Administration supérieure a tenté un essai à la colonie des *Douaires* même, en décidant qu'après 6 mois de placement, le pupille méritant recevrait directement un dixième de ses gages, 2 dixièmes après un an et 3 après 18 mois.

Sans être jusqu'à ce jour très concluante (il est si difficile de déterminer la part d'influence d'un facteur agissant avec tant d'autres sur le sort d'un placement), l'expérience semble déceler des indices favorables. Les dilapidations redoutées ne se sont produites que rarement : chacun a fait de son argent l'emploi correspondant à son tempérament ou aux mœurs du milieu : l'économe a épargné, l'avare a thésaurisé, le coquet s'est vêtu élégamment. l'affectueux est venu en aide à ses parents dans la misère, quelques « noceurs » ont bu. Mais le placement paraît avoir gagné légèrement en stabilité.

Diverses circonstances peuvent mettre fin au placement : mais la rupture de contrat provoquée par l'inconduite ou la faute du placé seule est retenue contre lui et suivie de réintégration et de punition. Le retour volontaire à la colonie du pupille qui ne se plaît pas chez son patron ou ne s'entend pas avec lui, ne saurait être considéré comme une faute; il n'entraîne qu'une réintégration limitée au délai nécessaire à la recherche d'un autre placement.

Voici quelques chiffres relatifs aux placements effectués au cours des 5 années 1907-1911.

	1907	1908	1909	1910	1911
Pupilles en placement le 1er janvier	61	71	95	120	125
— placés dans l'année	115	191	217	280	245
	176	262	312	400	370
— retirés de placement	105	167	192	275	259
— restant placés au 31 décembre	71	95	120	125	111

Les causes de ruptures du contrat notées pour les 4 dernières années se classent ainsi (1) :

	1908	1909	1910	1911
Libération civile, définitive ou provisoire et *libération militaire* par engagement ou appel sous les drapeaux	29	51	82	63
Mutations diverses	76	68	109	119
Réintégration pour inconduite	7	19	18	17
Abandons de placement	55	54	66	60
	167	192	275	259

Il y a lieu de remarquer que depuis que, par la loi de 1906, la limite extrême de la correction a été portée de 20 à 21 ans pour les mineurs acquittés, ceux d'entre eux nés du 1ᵉʳ octobre au 31 décembre sont appelés à satisfaire à leurs obligations militaires avant libération définitive. L'Administration ne les retient pas au-delà de l'appel de leur classe.

On voit également par les chiffres précédents que le placement s'est développé du simple au double pendant la dernière période quinquennale.

On compte de 20 à 25 échecs (réintégrations pour inconduite ou défections), pour 100 placements effectués. Cette proportion, quoique élevée, n'a rien qui puisse surprendre, étant donné l'élément appelé à cette faveur, et on peut se féliciter de voir les trois quarts des essais de classement donner des résultats satisfaisants.

L'extension donnée à cette mesure imposait une surveillance vigilante et discrète des patrons et des pupilles. L'instituteur-chef, collaborateur immédiat du directeur, inaugurait en 1908 les visites périodiques aux placés, avec mission de s'enquérir des conditions morales et matérielles faites à ces derniers, avec mission de les encourager ou de réprimer leurs écarts de conduite, et de leur témoigner d'une façon générale la sollicitude bienveillante dont l'adolescent, isolé dans un milieu nouveau, — sympathique généralement, mais quelquefois hostile —, a toujours besoin.

Par les renseignements recueillis au cours de ces tournées, par la notation des observations faites au cours de chaque placement, un « casier du patronat » a pu être constitué au moyen duquel la valeur relative des maîtres a pu être jugée, et la clientèle d'employeurs douteux éliminée.

Le proverbe populaire : « Les bons patrons font les bons ouvriers » est applicable même en matière de placement pénitentiaire où les bons patrons font les bons placements. Des essais tentés ici échouent régulièrement, alors

---

(1) Le tableau ne comprend pas les pupilles placés à l'expiration de la correction.

qu'ils réussissent à peu près toujours là, dans des conditions identiques. On sait commander les domestiques, on sait « prendre » le pupille d'un côté ; de l'autre, avec les meilleures intentions, on n'acquiert aucune influence sur lui. Il en est des patrons comme des surveillants ; aux uns la tâche est facile : ils ont le don du commandement ; aux autres, elle est à peu près impossible. A d'excellents ouvriers habiles au travail de la matière. la nature humaine échappe parfois complètement et ils sont impuissants à la diriger. Tel ouvrier d'élite, tel agriculteur émérite sont de détestables maîtres d'apprentissage. Faire et enseigner sont deux choses distinctes.

La stabilité du placement est poursuivie par la juste récompense des efforts et des mérites au moyen de :

1º Concessions d'une partie des gages comme argent de poche ; 184 récompenses de cet ordre ont été données en 1910 ; 77 d'un premier dixième, 63 d'un second dixième, et 44 d'un troisième dixième ;

2º Gratifications de un ou 2 francs à l'occasion des visites du Directeur ou de l'instituteur-chef, aux placés donnant satisfaction ;

3º Allocations d'effets ou de menus objets : par exemple, remise d'un capuchon (vêtement de luxe pour un placé). ou d'une montre après une année passée chez le même patron.

Dans l'année. on a compté 47.746 journées de placement, donnant un effectif moyen de 130 placés et un produit brut en salaires de 24.181 fr. 10. Les deux tiers environ de ce produit ont été versés à la Caisse nationale d'épargne, et le tiers restant employé à l'entretien du pupille.

Classés d'après la nature de leur travail, les placés formaient au 31 décembre de chacune des 4 dernières années les groupes suivants :

	1908	1909	1910	1911
Cultivateurs et jardiniers	75	91	102	81
Domestiques, garçons d'hôtel	5	6	3	5
Boulangers et pâtissiers	4	2	2	2
Menuisiers. charpentiers. charrons	3	5	5	3
Forgerons. mécaniciens. plombiers	6	14	11	16
Maçons, peintres en bâtiment	2	2	2	2
Imprimeurs	0	0	0	2
	95	120	125	111

Plus de la moitié de l'effectif est appliqué, à la colonie, aux travaux de la terre et les 4 cinquièmes des placés le sont au dehors. Ces chiffres indiquent combien est plus facile le placement familial chez l'agriculteur que chez l'artisan et combien l'apprentissage des travaux agricoles favorise ce genre de libération anticipée.

Le placement est, pour quelques pupilles, un stage précédant l'admission à une forme de libération anticipée plus large, à laquelle il donne plus de chances de succès ; — notamment pour ceux qu'il est prudent, malgré leurs bonnes dispositions, de tenir éloignés du milieu où ils se sont perdus et de ne remettre à leurs familles par voie de libération provisoire qu'après dispersion des « bandes » dont ils ont fait partie, et pour ceux aussi qui sont trop faibles ou trop jeunes pour contracter l'engagement militaire auquel ils aspirent.

En 1910 la libération provisoire a été accordée à 21 placés et l'engagement à 11. Le placement apparaît comme une excellente préparation à la vie civile et à la vie militaire et comme l'aboutissement immédiat de l'éducation pénitentiaire.

Par la *libération provisoire*, mesure également conditionnelle et révocable, la correction se trouve suspendue et le mineur est remis ordinairement à sa famille, quelquefois à un parent, à un tiers ou à une institution de patronage qui veut bien s'en charger. Prononcée par le ministre, après enquête auprès du directeur de la colonie, auprès du parquet qui a exercé les poursuites, auprès des autorités administratives du lieu de résidence de la famille, cette faveur suppose une conduite exemplaire de la part du pupille et des garanties sérieuses du côté des parents pour l'avenir de l'enfant.

Elle ne dépend pas, comme le placement, des seuls efforts du bénéficiaire, mais de circonstances extérieures, passé, situation de la famille etc.... indépendantes de sa volonté. C'est une mesure plus rare, parce que plus large et partant plus risquée. Une grande prudence s'impose lorsqu'on décide de ramener un mineur à son pays d'origine et de le placer dans le milieu où il a « mal tourné », étant donné surtout que la libération provisoire l'affranchit de la tutelle de l'établissement, ne laissant subsister qu'une surveillance discrète et lointaine de l'Administration pénitentiaire, par l'intermédiaire des préfets et des maires.

Un lien subsiste cependant, volontairement accepté par le libéré, qui se manifeste par les conseils, les encouragements du directeur, et au besoin, par les secours du Comité de patronage. Les libérés provisoires ont ainsi reçu 65 francs (vêtements non compris) en 1910.

Il a été accordé (1) :

10	libérations provisoires en	1907 ;
8	—	—	1908 ;
17	—	—	1909 ;
19	—	—	1910 :
23	—	—	1911.

On comptait, au 31 décembre 1910, 64 pupilles libérés dans ces conditions et se trouvant encore en cours de correction, et 73 au 31 décembre suivant. Sauf 3 d'entre eux confiés à une société de patronage, tous les libérés provisoires ont été remis à leurs parents. Il est impossible d'indiquer combien on

---

(1) Non compris les libérations provisoires de placés, dont le chiffre pour 1910 a été donné.

compte de révocations de libérations provisoires parce que la réintégration ne s'effectue pas toujours à la colonie d'origine et que les décisions de cette nature restent souvent ignorées du Directeur. On note cependant 3 réintégrations en 1908, 5 en 1909, 2 en 1910 et 6 en 1911.

Les sentiments de patriotisme, comme les affections filiales, sont les derniers à s'éteindre chez ces jeunes gens troublés par tant d'idées malsaines. L'antipatriotisme et l'antimilitarisme n'ont pas causé les ravages redoutés, car on ne signale que comme des exceptions les adeptes des théories subversives répandues dans certains milieux ouvriers.

Tout semble au contraire les séduire dans la vie militaire et particulièrement dans la vie militaire des expéditions lointaines, dans l'existence aventureuse du soldat ; ses risques et ses périls, ses imprévus, jusqu'à ses privations et ses combats les attirent. Ils rêvent d'actions d'éclat et de gloire; ils sont fiers et jaloux du sort de leurs devanciers signalés pour leur belle conduite.

Cet état d'esprit et le simple prestige de l'uniforme déterminent bien des vocations. Le passage sous la discipline militaire, avec une demi-liberté, marque une transition heureuse entre la discipline pénitentiaire et son internat étroit et la vie libre sans aucune tutelle. Leur activité débordante et désordonnée trouve là à se dépenser.... et à s'apaiser; leur goût du nouveau et leurs ambitions, d'une générosité un peu puérile, à se satisfaire. On ne saurait trop seconder à cet égard les aspirations des pupilles qu'une constitution trop faible, des infirmités, ou un passé trop chargé n'écartent pas de l'armée par la voie de l'*engagement*. Les conditions morales et physiques requises aujourd'hui des candidats à l'engagement sont, en effet, très rigoureuses, et bien que la colonie ait soin de faire subir un examen médical préalable à ses aspirants, près de la moitié sont refusés par les médecins militaires des bureaux de recrutement. De 1907 à 1911, on n'a réussi à faire accepter que 187 pupilles.

En 1910 :

   3 engagés ont été affectés à l'artillerie ;
   20 à la cavalerie ;
   17 à l'infanterie.

En 1911 :

   8 engagés ont été affectés à l'artillerie;
   12 à la cavalerie;
   14 à l'infanterie (1).

Au 31 décembre 1910, il y avait exactement 72 engagés en cours de correction et 68 un an plus tard.

La plupart sont placés, sur leur demande, dès leur entrée au régiment, sous le patronage de la « Société de protection des engagés volontaires élevés sous la tutelle administrative », fondée et présidée par M. F. Voisin. Son action tutélaire s'exerce pendant toute la durée du service et à la rentrée dans la vie

---

(1) Non compris les placés appelés au bénéfice de l'engagement.

civile, conjointement avec celle du Directeur de la colonie, au moyen de la correspondance et de visites, par des secours pécuniaires procurant l'argent de poche à ceux qui méritent ces encouragements par leur conduite, des vêtements de travail et un emploi au besoin, à la libération.

Le comité de patronage de la colonie des *Douaires* a distribué 256 mandats-poste en 1910, d'une valeur totale de 783 francs par fractions de 2 et 3 francs, de 5 et de 10 francs même à l'occasion des promotions de grade.

Il est impossible de présenter des chiffres plus précis sur les résultats donnés par cette forme de libération anticipée, les chefs de corps hésitant à donner aux tiers des renseignements sur leurs soldats, et les démarches imprudentes de cette nature pouvant compromettre, par la divulgation du passé, l'avenir des meilleurs engagés.

Tout ce qu'on peut indiquer à cet égard, c'est qu'une enquête discrète faite à la fin de 1910 sur les 72 engagés en cours de correction, n'a donné de résultats que pour 43 :

    30 étaient notés comme bons soldats ;
     8 comme médiocres ;
     5 comme mauvais.

Resté en relation avec 53 de ces engagés, le Directeur relève pour ces derniers 8 nominations de caporaux et 4 promotions au grade de sous-officier.

On note également que plusieurs anciens pupilles sont parvenus au grade d'adjudant et que l'un d'eux a obtenu l'emploi de chef de fanfare d'un bataillon alpin. Ce dernier correspond encore avec son ancien Directeur qu'il n'a pas oublié.

Libération définitive.

Les « mauvais sujets » seuls atteignent à la colonie le terme de la correction. La *libération définitive* n'est le mode de sortie que pour un quart environ des libérés, ainsi que l'indiquent les relevés ci-après :

	1907	1908	1909	1910	1911
Sorties par libération définitive..........	22	37	23	45	43
— — anticipée (placement, libération provisoire, engagement)......	66	125	146	169	126
Totaux...............	88	162	169	214	169

Jusqu'en ces dernières années, la libération anticipée était parcimonieusement accordée. Sur 100 sorties, on ne comptait pas moins de :

    85 libérations définitives en 1870 ;
    44   —   —   1880 ;
    83   —   —   1890 ;
    45   —   —   1900 .

La statistique officielle donne sur le bloc des libérés (à titre définitif ou conditionnel) des indications relatives à l'âge, à l'instruction professionnelle, sans grand intérêt.

Les chiffres suivants, dans lesquels ne figurent pas les indisciplinés de l'Assistance publique, méritent seuls d'être retenus :

	1907	1908	1909	1910	1911
Libérés rapatriés dans leurs familles......	26	41	36	59	68
— confiés à une société de patronage.	»	10	2	3	5
— restés à la colonie	2	»	»	»	»
Placés	115	183	217	274	230
Engagés.................................	32	46	42	36	32

L'âge moyen à la sortie ressort à 19 ans 2 mois et, sur 181 pupilles réellement libérés en 1910, savoir :

45 parvenus au terme de la correction à la colonie ;
19 admis à la libération provisoire à la colonie ;
35 admis à l'engagement militaire à la colonie ;
82 appelés à la libération provisoire, définitive ou à l'engagement en placement ;
45 étaient pourvus du certificat d'études primaires ;
16 étaient illettrés ou n'avaient qu'une instruction rudimentaire ;
132 provenaient de la section agricole ;
49 provenaient de la section industrielle.

Tous ont reçu (sauf les libérés provisoires n'appartenant pas à des familles indigentes) le trousseau réglementaire d'une valeur de 50 francs ; et tous ont été dirigés (les engagés exceptés) sur leur destination aux frais de l'Administration.

Ils avaient 3.113 fr. 33 au pécule (chacun 17 fr. 50 en moyenne) et 127 livrets de la Caisse nationale d'épargne formant un capital de 17.094 fr. 17, soit 135 francs en moyenne par livret. L'un de ces libérés avait plus de 600 francs ; un autre plus de 500 francs ; 10 de 300 à 500 francs et 16 de 100 à 300 francs.

Constituée par la partie du pécule excédant 20 francs, par les allocations de la fête nationale et du 1er janvier, et par les gages et salaires économisés, cette épargne atteste l'effort fait pour inculquer aux pupilles les idées d'ordre et de prévoyance.

La loi sur les retraites ouvrières est venue tout récemment, par l'obligation du versement, faire entendre *aux placés* qu'ils doivent penser non seulement au lendemain, mais à la vieillesse, comme les lois sur les accidents ont rappelé aux patrons qu'ils avaient à garantir leurs ouvriers contre les accidents du travail.

La libération définitive ne rompt pas, en général, toute relation entre le pupille et la colonie. Elle abolit l'autorité, mais laisse subsister un lien plus doux, celui de la bienfaisance par le patronage. La correspondance entretenue avec nombre de libérés, les visites reçues, les secours accordés dans les moments difficiles ou à l'occasion de faits exceptionnels (mariage, naissances, etc...), les placements procurés, sont là pour témoigner de la sollicitude paternelle de l'Administration et de la reconnaissance affectueuse d'un grand nombre d'anciens pupilles qui sont loin d'avoir conservé un mauvais souvenir de la colonie.

Bilan de la période 1907-1911.

Les cinq dernières années spécialement envisagées ici, ont vu se réaliser des améliorations notables.

Dans le domaine moral ou disciplinaire :

Création d'une section d'« observation » pour les arrivants et les monomanes de l'évasion à acclimater ;

Création d'une section de préparation militaire ;

Organisation des conférences de vacances ;

Application d'un système disciplinaire méthodique comportant :

1° De nouvelles récompenses individuelles, telles que bons de photographies, port des cheveux et de la moustache et des récompenses collectives, sous forme de grandes sorties, avec concert, collation, jeux ou bains de rivière, de représentations données par les pupilles ou par les troupes ambulantes, ou encore de séances de projections de cinématographe ;

2° Un mode de notation et d'appréciation uniformes des efforts de conduite et de travail ;

3° La subordination absolue de la libération anticipée, et particulièrement, du placement, à un ensemble de notes et à une durée de séjour qui font dépendre les plus hautes récompenses de la seule volonté du pupille, sans laisser aucune place à l'arbitraire et à la faveur et en font les plus puissants facteurs d'ordre, de stabilité des idées, de travail et de réformation individuelle ;

Développement considérable donné au placement, avec amélioration de la condition faite aux placés, par l'obligation imposée aux patrons de fournir des notes trimestrielles sur leur conduite et sur leurs besoins ; par les visites périodiques des agents de l'Administration ; par la création d'un casier des patrons ; par l'attribution, comme argent de poche d'une part des gages aux pupilles méritants ; par les primes attachées à l'accomplissement des contrats de louage ; enfin, par l'affiliation aux retraites ouvrières et aux caisses d'assurance contre les accidents du travail.

Dans le domaine matériel on note :

Le perfectionnement du trousseau des pupilles complété par les souliers du dimanche, le tricot et les chaussettes ;

.L'introduction du pain blanc dans la préparation des soupes et la création de la cantine du mercredi.

Avec le bien-être du pupille, l'Administration a poursuivi l'amélioration des conditions d'hygiène, par la canalisation des purins stagnants conduits hors de l'agglomération, par la réfection et l'agrandissement des lieux d'aisances, par la construction d'une piscine, par le perfectionnement des machines élevant et distribuant l'eau potable.

Elle a visé également à plus de sécurité par des modifications au mode de fermeture des portes et fenêtres, par la liaison des bâtiments principaux deux à deux de manière à former des enclos fermés, par la séparation des classes, des réfectoires et des préaux, par l'agrandissement du quartier cellulaire.

Elle a réalisé des travaux de simple utilité pratique, comme la réfection de 4.000 mètres de chaussées, le dallage d'ateliers et de préaux couverts, le perfectionnement des fours de boulangerie, la construction d'un pavillon d'habitation pour 4 surveillants, l'installation du téléphone et de l'éclairage au gaz.

Adaptée progressivement aux besoins d'une population formée d'éléments difficiles, pour lesquels elle n'avait pas été créée, la colonie des *Douaires* a pu franchir sans encombre une période de transition critique, marquée un peu partout par des troubles graves, et les cinq dernières années laisseront dans le passé de ce bel établissement le souvenir d'une époque féconde en efforts sains et persévérants.

III

COLONIE CORRECTIONNELLE DE GAILLON

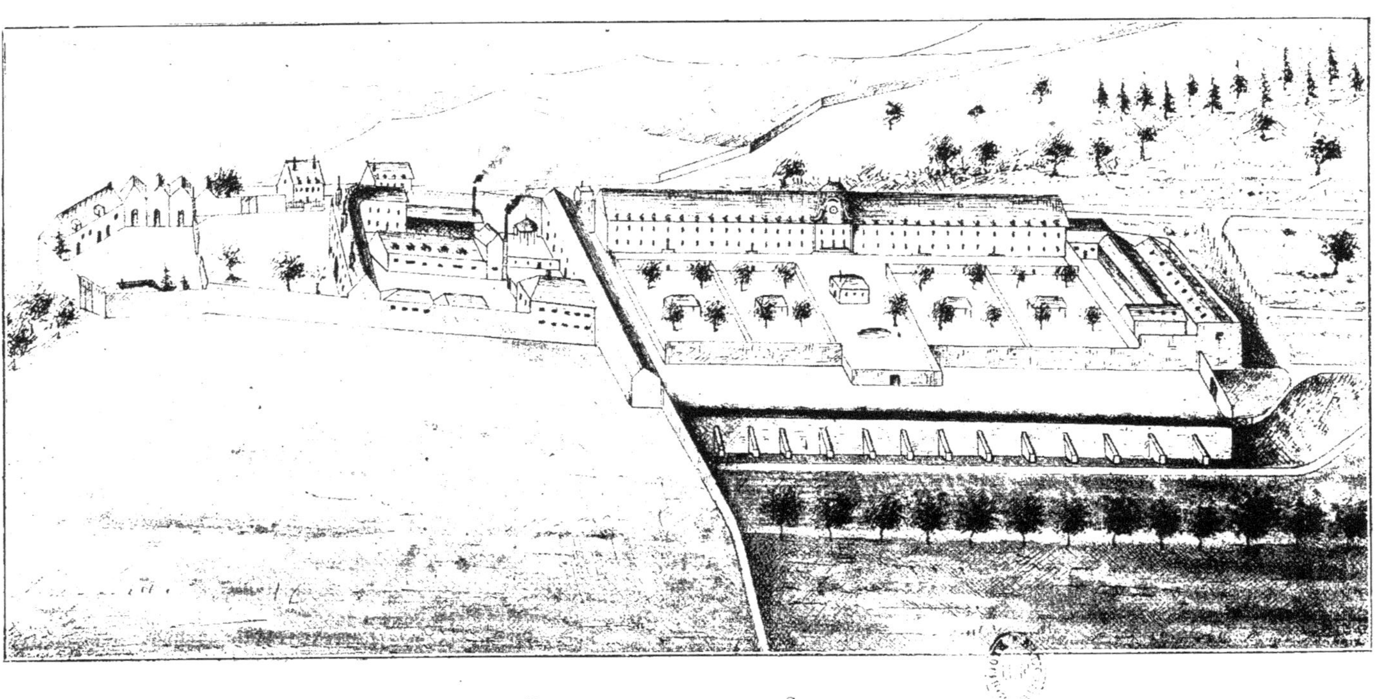

Colonie correctionnelle de Gaillon

COLONIE CORRECTIONNELLE DE GAILLON

Situation et origine.

A l'extrémité d'un contrefort en éperon qui se détache du plateau des Douaires et vient mourir dans la vallée de la Seine, la colonie correctionnelle de *Gaillon* étale sa longue façade rouge de manufacture et son toit d'ardoises, en face d'un des plus beaux panoramas de la région. Elle domine la vallée et la ville de Gaillon, bâtie au pied de la colline; mais elle est dominée à son tour par son aînée, la colonie des Douaires, édifiée plus haut sur le bord du plateau, dont elle n'est séparée que par une distance de 3 kilomètres à peine.

Les constructions principales reposent sur un terre-plein obtenu par une entaille dans le flanc de la colline et par les déblais rejetés en talus et retenus par d'énormes murs de soutènement qui, du côté de la vallée, rendent l'accès difficile. Ce travail considérable remonte à la construction du château de Gaillon, au XVIᵉ siècle, par le cardinal d'Amboise qui avait fait tracer sur cette terrasse un jardin orné d'une fontaine célèbre, édifier une orangerie et une galerie ouverte sur la vallée de la Seine. Plus rien ne subsiste de cette architecture, que le terre-plein et ses murs de soutènement.

Comme le château lui-même, devenu bien national et transformé en maison centrale en 1812, cette dépendance de la demeure épiscopale fut utilisée pour la détention des jeunes, des mineurs de 16 ans envoyés en « maison de correction », que l'on sentit presque tout de suite la nécessité de séparer des adultes.

En 1845, dirigé vers la culture de la terre et bientôt installé à demeure à la ferme des Douaires, le groupe des mineurs quitta définitivement la maison centrale, laissant disponibles à *Gaillon* quelques ateliers qui ne tardèrent pas à disparaître.

Sur leur emplacement, adossé à la colline et appuyé au mur retenant les terres de la tranchée au flanc du côteau, un vaste bâtiment à deux étages, de 135 mètres de long sur 11 de large, destiné à l'internement des condamnés atteints d'aliénation en cours de peine, s'édifiait en 1875.

Deux longs couloirs, au rez-de-chaussée et au premier, parcourent ce bâtiment dans toute sa longueur pour l'isoler du mur d'appui; il est divisé en 5 compartiments égaux desservis chacun par un couloir et un escalier intérieurs, compartiments correspondant sur le terre-plein à 5 préaux cloturés de murs qui s'échancrent et s'ouvrent largement sur la vallée de la Seine.

En plaçant ainsi les détenus atteints d'affections mentales « en face des beaux spectacles de la nature » les aliénistes de l'époque prétendaient agir sur les cerveaux malades et obtenir des guérisons. L' «asile de criminels aliénés survécut 5 ans à la maison centrale de Gaillon supprimée en 1900. Les malades dispersés dans les asiles d'aliénés, l'établissement resta vacant jusqu'en 1908. A cette date, on commençait son aménagement en vue de la création d'une seconde *colonie correctionnelle.*

Cette année-là on construisait 82 cellules de nuit ; on procédait à la mise en état de 30 cellules anciennes ; on installait des réfectoires, des salles de classe, une infirmerie, une salle de douches, les bureaux et les logements du personnel.

Dès le 1er juillet, la maison s'ouvrait sous le nom de *Colonie correctionnelle de Gaillon* avec 112 pupilles des diverses catégories légales formant la population de ce genre d'établissement.

Les années suivantes, la transformation était poursuivie et complétée par :

en 1909, la clôture des préaux de récréation, l'installation de water-closets et de préaux couverts, la construction de 69 nouvelles cellules de nuit et d'un quartier cellulaire ;

en 1910, la réfection des murs d'enceinte et des toitures ; la reconstruction d'une aile du bâtiment principal détruit par un incendie ; l'aménagement de deux grands ateliers ;

en 1911, l'achèvement des dortoirs par 49 cellules nocturnes nouvelles portant la capacité de l'établissement au chiffre prévu de 200.

Des travaux d'hygiène ou de simple utilité pratique étaient menés de front avec l'aménagement de la maison et son adaptation à sa destination nouvelle, tels, la transformation cellulaire des salles d'infirmerie et le dégagement du bâtiment principal de la colline à laquelle il se trouvait adossé, au moyen d'une large et profonde tranchée. Exécuté par les pupilles, ce travail important qui comportait le déplacement et le transport de 4.000 mètres cubes de terre, a permis d'éclairer et d'aérer le bâtiment par le mur de soutènement et de donner aux locaux sombres et humides un aspect moins sinistre et des conditions hygiéniques meilleures.

Ces transformations ont nécessité une dépense de 150.000 francs, répartie sur 4 exercices.

Le défrichement et la mise en état d'un parc de 5 ou 6 hectares, abandonné depuis la disparition de la maison centrale, donnaient en même temps à la colonie un beau potager fournissant à tous les besoins de la maison, là où ne poussaient précédemment, dans un fouillis inextricable, que plantes sauvages et broussailles.

La colonie et ses organes.

Divisé, ainsi qu'il a été indiqué, en 5 compartiments, — la partie centrale formant l'infirmerie, avec cuisine au rez-de-chaussée, salles de malades, cabinet du médecin, pharmacie et chambre de surveillance au 1er —, le bâtiment principal donne à chacun de ces compartiments étanches 2 salles au rez-de-chaussée et 2 au 1er étage, l'une à gauche, l'autre à droite de l'escalier. Au 2e étage,

Colonie correctionnelle de Gaillon.

Echelle : $\frac{1}{1600}$

Légende.

	Rez-de-chaussée	1ᵉʳ Étage	2ᵉ Étage
a, b	réfectoire et école	Dortoirs	ateliers
c d	d°	d°	
e f	d°	d°	
g h	d°	d°	
i	poste des surv.ᵗˢ	infirmerie	
j	quartier cellulaire		
k	chapelle		
l, m, n, o	préaux		
p q	quartier de punition	Dortoire	Dortoirs
r	atelier & cuisine	d°	
s	atelier		
t	buanderie		
u	magasin & bureaux	log.ᵗˢ d'employés	
v	log.ᵗˢ d'employés		
x	magasins		
y	loge du portier		
z	parc		
v d	bains - douches		

BUREAUX ET APPARTEMENTS DU PERSONNEL

quelques ateliers ont été aménagés. Cette distribution intérieure, complétée par les préaux attenants, se prête admirablement au groupement des pupilles et à la séparation des catégories.

Insuffisants cependant pour la population qu'ils étaient appelés à recevoir, les locaux de l'ancien asile ont dû être complétés par l'aménagement de vieux bâtiments légués par la maison centrale. Aux étages supérieurs, on a ouvert des dortoirs et, au rez-de-chaussée, on a créé des ateliers et installé les services de cuisine et de buanderie. A l'entrée, un bâtiment a été affecté aux bureaux; le 1er étage est occupé par les logements du personnel qui habite aussi deux pavillons détachés.

Le bâtiment principal et son esplanade, flanqués, à droite, du quartier cellulaire, à gauche, des vieux bâtiments de la maison centrale et de la caserne d'infanterie, défendus, en avant, par les murs de clôture et le mur de soutènement précédé d'un fossé profond, forment aujourd'hui une enceinte assez sûre, gardée par un poste militaire.

La population valide y est groupée en 4 sections, une par compartiment, sur le principe de la séparation des extrêmes considérés quant à l'âge et quant à la conduite : une section de jeunes à préserver et une section de bons, dite de récompense, réservée aux pupilles les plus méritants. Les deux autres groupes, qui comprennent le gros de l'effectif, ne reposent que sur la profession.

Chaque section dispose d'un préau sur le terre-plein, d'un réfectoire et d'une salle de classe au rez-de-chaussée, de dortoirs au 1er étage, d'ateliers dans les bâtiments annexes et au 2e étage du bâtiment principal, tous ces locaux distincts et parfaitement séparés. La chapelle et le parloir réservent de même des compartiments spéciaux à chaque section. Le souci de la séparation des groupes ne pouvait guère être poussé plus loin.

Avec ses 200 cellules nocturnes qui fixent sa capacité, *colonie correctionnelle de Gaillon* est dotée de 60 cellules d'isolement individuel — nécessaires dans un établissement de cette nature — et d'une salle pour la séparation du groupe des pupilles punis de peloton de dicipline.

Elle dispose :

d'un parc étendu et fertile, à flanc de coteau, pour l'enseignement de la culture potagère;

de 6 ateliers et de 2 chantiers pour l'enseignement du travail industriel;

de 4 préaux, 4 réfectoires et 4 salles de classe;

d'une infirmerie avec jardin et d'une salle de bains dans un pavillon séparé, avec installation moderne pour donner 20 douches à la fois.

Population.

La colonie correctionnelle est un établissement de 2e degré. Le premier de ce genre s'est ouvert en 1895 dans l'ancienne maison centrale d'Eysses; *Gaillon* est le second. Il ne reçoit de première main qu'un élément infime, celui des mineurs de 16 ans condamnés à plus de 2 ans de correction. Il peut encore être appelé à recevoir directement des mineurs de 21 ans passibles de la relégation et des pupilles de l'Assistance publique très difficiles ou très vicieux.

De deuxième main, c'est-à-dire des colonies pénitentiaires, établissements de 1er degré, lui parvient .e gros de son effectif, l'élément le plus difficile, les mineurs de 18 ans acquités et les mineurs de 16 ans condamnés à 2 ans de correction au plus, les uns et les autres *déclarés insubordonnés*.

Le transfèrement à la colonie correctionnelle est la mesure la plus grave prévue par le règlement contre un pupille de la colonie pénitentiaire. Elle est prononcée par le Ministre.

Ouvert le 1er juillet 1908 avec 112 pupilles indiciplinés, venus d'autres cololonies, l'établissement en compte aujourd'hui plus de 200.

Voici les chiffres relatifs au « mouvement de la population » depuis la création :

	1908	1909	1910	1911
Présents au 1er janvier	»	112	148	155
Entrées réelles. — Nouveaux pupilles	118	83	126	125
Réintégration de pupilles placés, hospitalisés, évadés etc	2	10	8	13
TOTAUX des entrées	120	205	282	293
Sorties définitives (libérations, engagements, transfèrements, décès)	3	23	107	57
Sorties provisoires (libérations anticipées, évasions, extractions, hospitalisations etc.)	5	34	20	35
TOTAUX des sorties	8	57	127	92
EFFECTIF au 31 décembre	112	148	155	201

Les catégories juridiques sont représentées par les chiffres suivants à la fin de chaque année :

	1908	1909	1910	1911
Mineurs de 16 ans acquittés (art. 66 C. P.)	41	54	64	84
— 18 — — —	68	90	86	111
— 16 — condamnés (art. 67 et 69 C. P.)	»	1	1	2
— 21 — relégables (loi du 27 mai 1885)	»	»	2	»
— 21 — indisciplinés de l'Assistance publique (loi du 18 juin 1904)	3	3	2	4
TOTAUX	112	148	155	201

VUE SUR LES PRÉAUX DE RÉCRÉATION

La population, répartie d'après l'âge au délit, donne les groupes suivants :

	1908	1909	1910	1911
Mineurs en correction pour délits commis avant 12 ans.	1	2	1	»
— — — 14 —.	5	5	11	12
— — — 16 —.	37	50	54	64
— — — 18 —.	69	91	87	125
Mineurs relégables en correction pour délits commis avant 21 ans..................................	»	»	2	»
Totaux..................	112	148	155	201

Groupée d'après l'âge des pupilles présents à la fin de chaque année, la population donne le classement numérique ci-après :

	1908	1909	1910	1911
Pupilles âgés de moins de 12 ans................	»	»	»	»
— 12 à 16 ans....................	3	5	2	2
— 16 à 18 —....................	39	35	28	42
— 18 à 20 —....................	65	81	102	96
— plus de 20 ans................	5	27	23	61
Totaux..................	112	148	155	201

L'âge moyen au délit — 16 ans et 1 mois — diffère peu de celui de la colonie des Douaires, qui reçoit principalement des mineurs de 18 ans ; mais l'âge des pupilles présents, 19 ans, est sensiblement plus élevé, parce que les pupilles arrivent à *Gaillon* (où les libérations anticipées sont aussi moins fréquentes) après un séjour à la colonie pénitentiaire, c'est-à-dire plus âgés.

Les délits légers, vagabondage, mendicité, etc..., forment 8 p. 100 de l'effectif ; le vol, l'escroquerie et l'abus de confiance, 68 p. 100 ; les crimes de sang, assassinat et meurtre 14 p. 100. Les formes graves de la criminalité sont plus nombreuses qu'aux Douaires ; elles dénotent plus de violence et fournissent un plus fort contingent d'insubordonnés.

Les pupilles de *Gaillon* appartiennent au département de la Seine dans la proportion de 45 p. 100 de l'effectif et au département de la Seine-Inférieure, dans la proportion de 15 p. 100. Leur situation de famille diffère peu dans les deux établissements :

> 7 p. 100 sont des enfants naturels ;
> 39 p. 100 sont des demi-orphelins ;
> 10 p. 100 sont des orphelins.

Du rapprochement des chiffres de la statistique concernant l'ensemble des mineurs en correction en France de ceux qui ne s'appliquent qu'aux insubordonnés des colonies correctionnelles de *Gaillon* et d'Eysses, ressortent des indications assez curieuses sur le genre de délinquants, sur les régions, sur les âges qui donnent le plus fort contingent d'indisciplinés.

Les colonies correctionnelles renfermaient en 1910 exactement 17 p. 100 de la totalité des mineurs en correction. Cependant, les formes violentes de la criminalité, assassinat, meurtre, vol qualifié y étaient représentées dans la proportion beaucoup plus forte de 27 p. 100, et les pupilles de l'Assistance publique, internés simplement comme difficiles ou vicieux, dans la proportion plus élevée encore de 29 p. 100. Il y a dans ce fait un indice significatif sur l'état moral de cet élément.

L'incendie volontaire et les faits de mœurs (viol, attentat à la pudeur) ne figurent à la colonie correctionnelle qu'en minorité, avec un taux inférieur à 17 p. 100 ; le vol atteint presque le pourcentage normal ; la mendicité et le vagabondage le dépassent légèrement.

Sous la pression disciplinaire légère de la colonie de 1er degré, ces diverses catégories se comportent donc d'une façon différente. Certains criminels (assassins, meurtriers) résistent à cette pression et sont éliminés ; d'autres se soumettent (immoraux et incendiaires) et sont maintenus. Des mineurs peu coupables (indisciplinés de l'Assistance, vagabonds et mendiants) se montrent réfractaires à l'éducation légèrement coercitive de 1er degré et doivent, en assez forte proportion, être soumis à un régime plus sévère.

Les conditions de famille défavorables sont légèrement plus accentuées pour les pupilles des deux colonies correctionnelles que pour l'ensemble des mineurs en correction : la proportion des enfants naturels est de 7,1 p. 100 contre 6,5 pour l'ensemble ; celle des demi-orphelins de 38,6 p. 100 contre 35,4 et celle des orphelins de 6,6 p. 100 contre 6,2.

Quant au département d'origine, on note que les plus fortes proportions d'indisciplinés sont fournies par les mineurs de la Seine-Inférieure, avec un taux d'insubordination de 27 p. 100 (moyenne 17), par ceux de la Seine et des Bouches-du-Rhône avec 21 p. 100, par ceux du Rhône avec 20 p. 100. Avec une criminalité juvénile très accentuée les départements bretons du Finistère et d'Ille-et-Vilaine ne donnent respectivement que des taux d'insubordination très bas, de 5 à 4 p. 100, ainsi que la région de l'Est, par les départements du Doubs et de la Meurthe-et-Moselle dout le taux n'est que de 3 à 4 p. 100.

Ces rapprochements de chiffres sont encore plus significatifs, quand on le applique à l'âge.

Si on classe, d'après l'âge au délit, tous les mineurs en correction d'une part, et tous les pupilles des colonies correctionnelles d'autre part, on obtient, pour 1910, les données suivantes :

	ENSEMBLE DES MINEURS EN CORRECTION présents dans les établissements pénitentiaires.	Sur ce nombre internés DANS LES COLONIES correctionnelles.	PROPORTION EN COLONIE correctionnelle.
Mineurs en correction pour délits commis avant 12 ans.	367	1	0,3
— — — 14 —.	497	38	7,6
— — — 16 —.	1.237	216	17,5
— — — 18 —.	1.318	328	24,9
Mineurs relégables en correction pour délits commis avant 21 ans..	5	5	100
Totaux.........	3.424	588	17,2

La conclusion suivante découle de ces chiffres : les envois en correction tardifs fournissent la plus grosse proportion d'éléments mauvais et indisciplinés et plus cette mesure intervient tard, plus il y a de risques d'insubordination et de transfèrement dans une colonie correctionnelle. Notons que sur 1.000 mineurs de 12 ans, on n'en trouve que 3 dans les établissements de 2ᵉ degré et que sur le même nombre de mineurs de 18 ans on en compte 249, soit près d'un quart.

Personnel.

Placé sous l'autorité du directeur de la colonie des Douaires, l'établissement est considéré administrativement comme une annexe.

Le personnel d'administration et d'enseignement est formé d'un instituteur-chef exerçant les fonctions de sous-directeur, d'un instituteur-comptable et d'un instituteur; le personnel de gestion, d'un économe et d'un teneur de livres. La surveillance est exercée par un cadre de plus de 45 agents (y compris 4 gradés) chargé en même temps de l'enseignement professionnel avec l'aide d'un seul contremaître civil.

La colonie de *Gaillon* dispose d'un personnel de surveillance plus nombreux que la colonie des Douaires, parce que la population est plus difficile et qu'il est fait application d'un nouveau régime qui réduit considérablement les heures de service imposées à chaque agent, régime qui sera dans un avenir prochain sans doute, accordé au personnel de tous les établissements.

Journée d'un pupille.

La journée d'un pupille à *Gaillon* ne diffère de celle d'un pupille aux Douaires (1) que par le travail manuel, ici presque tout au dehors, au grand air, là presque tout à l'intérieur, en atelier fermé; ici très varié et très actif, là uniforme et sédentaire.

Plus de sections spéciales de tambours, clairons, musiciens, etc..., à *Gaillon* pour se distraire; plus la même liberté de mouvements. La journée est partagée entre l'atelier, l'école, le réfectoire et le préau où la récréation reste libre ; mais les mouvements sont exécutés en rang et au pas cadencé.

La promenade du dimanche à l'extérieur n'est accordée qu'à une minorité, à titre de récompense permanente, après une longue période de bonne conduite. La colonie pénitentiaire est un pensionnat : la colonie correctionnelle se rapproche de la prison.

Régime physique.

La colonie est pourvue d'une eau de source très calcaire, par une longue canalisation qui l'amène d'une propriété voisine, ancienne dépendance du château, et d'eau de pluie par des citernes qui la recueillent des toitures. L'eau est distribuée partout en pression et en abondance ; elle alimente l'installation des bains-douches et une buanderie mécanique à vapeur.

L'établissement est éclairé au gaz de houille par incandescence et chauffé (classes et ateliers) au moyen de simples poêles de fonte.

Les soins d'hygiène et de propreté, le vêtement et le couchage sont les mêmes qu'aux Douaires. Mais le régime alimentaire, plus sobre, est renfermé dans les limites du règlement, savoir :

2 soupes et une pitance par jour et 2 régimes gras par semaine.

Cependant, des suppléments de vivres sont accordés en récompense du travail, de la conduite, de l'application à l'école, deux fois la semaine dans 3 sections et tous les jours à la section de récompense.

Installée dans la partie médiane du bâtiment principal, l'infirmerie, d'une capacité de 10 lits, ne répond pas à toutes les conditions d'isolement, d'éclairage, d'aération et de confort désirables. La construction d'un pavillon indépendant, sur la partie libre du terre-plein, s'imposera dans un avenir prochain.

La colonie fermée, avec travail sédentaire en atelier, dans une atmosphère confinée, astreint l'insubordonné venu de la colonie ouverte, à des conditions d'existence bien différentes. Aussi la morbidité et la mortalité sont-elles beaucoup plus élevées à *Gaillon* qu'aux Douaires.

---

(1) Nous signalerons les particularités du régime de *Gaillon* sans nous exposer à des redites en indiquant ce qu'il a de commun avec celui des Douaires.

Voici, au surplus, quelques chiffres sur l'état sanitaire depuis la création :

	1908	1909	1190	1911
Pupilles admis à l'infirmerie :				
Sortis guéris	17	100	83	70
Décédés	»	»	»	1
Conduits à l'hôpital.. { Sortis guéris	1	1	1	3
Décédés	»	»	»	1
Récapitulation { Malades guéris	18	101	84	73
— décédés	»	»	»	2
Total des malades traités..	18	101	84	75

La tuberculose avec ses localisations variées et les maladies de l'appareil digestif sont les affections dominantes.

Régime professionnel.

Ne sont occupées à l'extérieur et dans le parc de l'établissement que deux brigades, l'une de jardiniers, l'autre de terrassiers, et accidentellement un petit groupe de maçons, soit au maximum une trentaine de pupilles.

Les six septièmes de la population, exercés à un métier ou appliqués à des travaux industriels, restent dans les ateliers.

Au 31 décembre 1911, l'effectif était ainsi réparti :

Travaux extérieurs.. {	Jardiniers	13
	Terrassiers	10
	Maçons	6
Travaux intérieurs.. {	Bois. — Menuisiers	3
	Métaux. — Forgerons, serruriers	2
	Bijoutiers (chaînes en argent)	30
	Vêtements. — Tailleurs	75
	Cordonniers	10
	Alimentation. — Cuisine	5
	Soins domestiques. — Propreté intérieure	12
	Buandiers	11
	Divers. — Émouchettes et liens	20
	Total	197
	Malades	4
	Ensemble	201

L'impossibilité d'employer la totalité de la main-d'œuvre à des travaux pour le compte de l'État a imposé l'organisation d'ateliers industriels concédés à des particuliers. En 3 groupes, 50 pupilles sont occupés au montage de chaînes en argent, au tressage d'émouchettes et à la préparation de liens, besognes sans portée professionnelle, temporaires — et suivant ou précédant un apprentissage — ou permanentes et réservées aux pupilles appelés à faire un court séjour à la colonie.

Les sections de terrassiers, de maçons, de menuisiers et de serruriers ont collaboré à la plupart des travaux de transformation de l'ancien asile de criminels aliénés ; elles viennent de creuser la tranchée de dégagement en arrière du bâtiment principal, d'ouvrir 12 baies d'aération au pic et au ciseau, dans un mur de 1 m. 50 d'épaisseur, de les barreauder et de les fermer par des chassis vitrés.

Elles avaient précédemment défriché et mis en culture le parc abandonné depuis 8 ans.

Tous ces travaux et un grand nombre d'améliorations de détail non prévues au plan de transformation, se sont réalisés très rapidement, presque sans dépenses — et sans accidents.

Les groupements.

A propos de la distribution des locaux, il a été indiqué sur quelles bases la population a été divisée en 4 sections. Il n'y aurait rien à ajouter sur ce point si la colonie correctionnelle de *Gaillon* ne présentait cette particularité de grouper les meilleurs de ses pupilles dans une section dite *quartier de recompense*.

Conformément à une disposition du règlement, et en vue de récompenser les pupilles méritants à qui une libération anticipée a été refusée pour des raisons indépendantes de leur conduite, cette section a été créée pour leur faire un régime plus doux et leur assurer un pécule plus élevé. Ils y jouissent d'une liberté plus grande et d'avantages appréciables en matière de lecture, de correspondance, de visites, de récréations, de promenades, voire du privilège recherché de porter la barbe et les cheveux. L'alimentation y est améliorée par une ration quotidienne dite « plat du jour », payée uniformément 10 centimes et retenue sur le pécule.

Enfin, — et c'est surtout à ce point de vue qu'elle se distingue des autres sections, — le travail y est rétribué. Le montage des chaînes en argent procure des gains journaliers assez élevés, jusqu'à 2 francs, dont 3, 4 ou 5 dixièmes reviennent au pécule. La portion concédée s'élève avec l'ancieneté et l'habileté de l'ouvrier. Elle est périodiquement déposée à leur nom à la Caisse nationale d'épargne.

Le placement familial des insubordonnés, en même temps que difficile à réaliser, est une mesure assez risquée. L'entrée au quartier de récompense, sous un régime disciplinaire atténué, avec l'équivalent des gages de placement par le salaire concédé, est considérée comme un diminutif de cette forme de libération anticipée.

LES TERRASSIERS

Charges financières.

De même que les produits du domaine des Douaires sont loin de suffire aux besoins de la population, le rendement du parc et des ateliers de *Gaillon* ne couvre qu'une faible partie des dépenses de l'établissement que nous résumons ainsi pour l'année 1910, où le nombre des journées de présence s'est élevé à 55.531, avec une population moyenne de 152 pupilles.

	fr. c.
1° Entretien des pupilles et frais généraux : nourriture, blanchissage, éclairage, chauffage, soins aux malades, fournitures d'école etc.	24.783 19
2° Transfèrements à la colonie et voyages de pupilles appelés en justice, à l'engagement, conduits dans les hôpitaux etc	333 50
3° Enseignement professionnel. — Confections (frais de fabrication de vêtements et chaussures dans les ateliers de l'établissement : outillage ; matières premières)	19.482 93
4° Enseignement professionnel. — Travaux aux immeubles et au mobilier (construction et réparation de bâtiments et d'objets mobiliers)	12.319 62
5° Enseignement professionnel. — Exploitation agricole (achat de semences, d'engrais, d'animaux, contributions etc.)	1.988 45
6° Récompenses aux pupilles et publications (gratifications en bons points et en livrets d'épargne, journaux officiels, agricoles, pédagogiques)	1.097 »
7° Acquisitions et grosses constructions d'immeubles	29.121 74
8° Personnel (traitements, indemnités et accessoires de traitements).	54.555 50
Total	143.681 93

La journée d'entretien ressort en dépenses acquittées par le Trésor public à 2 fr. 58, se décomposant ainsi :

		fr. c.
1° Personnel		0 98
2° Pupilles	a) Entretien	0 45
	b) Transfèrements et voyages	»
	c) Enseignement professionnel et entretien du domaine des immeubles et du mobilier	0 61
	d) Récompenses, publications	0 02
3° Domaine	Acquisitions et grosses constructions	0 52
Total		2 58

Régime intellectuel et moral.

Calqué sur celui de la colonie, le régime vise au même but, s'inspire du même esprit, comporte les mêmes méthodes d'éducation, avec des difficultés d'application plus grandes et des résultats plus douteux, qu'explique suffisamment la nature de la population spéciale de *Gaillon*.

Par les leçons de l'école, par les causeries et les conférences, par les entretiens particuliers, par une action collective ou individuelle, le relèvement du niveau moral de ces malheureux est poursuivi, même lorsqu'une corruption et une perversité incurables ne laissent aucun espoir de succès.

A *Gaillon*, comme aux Douaires, une bibliothèque de 5 à 600 volumes est ouverte aux pupilles à qui la lecture est permise en récréation sur les préaux.

L'instruction religieuse est donnée par l'aumônier de la colonie des Douaires qui célèbre les offices en présence d'une douzaine de pupilles pratiquants.

Le *régime disciplinaire* comporte les mêmes sanctions, soit pour encourager et récompenser, soit pour prévenir et réprimer et repose sur les mêmes principes qu'à la colonie pénitentiaire. Toutefois, à raison des éléments qu'il est appelé à maintenir dans l'ordre, l'obéissance et le travail, de l'action d'intimidation qu'il doit exercer, ce régime est aggravé par un emploi plus fréquent des moyens sévères de répression. A raison aussi du passé de ces éléments, il distribue avec parcimonie les hautes récompenses et la libération anticipée n'est accordée qu'à des conditions très rigoureuses de conduite et de travail.

Le Directeur peut, de sa propre autorité, y prononcer jusqu'à 30 jours de cellule, punition limitée à 15 jours en colonie pénitentiaire.

En 1910, les 152 pupilles formant la population moyenne de l'établissement ont obtenu :

Récompenses honorifiques		227
— pécuniaires	Tickets	1.526
	Livrets d'épargne	24
Libérations anticipées		23

Aux 80 fautes ou infractions relevées en moyenne par semaine, il a été donné les sanctions suivantes :

Réprimandes	4
Privation de récréation, de matelas, de vivres	62
Peloton de discipline ou isolement en groupe	9
Cellule ou isolement individuel	5

Les *relations de famille* sont facilitées également à *Gaillon* dans l'intérêt immédiat ou futur du pupille. Mais, moins libres et plus courtes, pour des raisons disciplinaires, les visites n'ont lieu que dans un parloir à loges séparées où les parents sont groupés d'après la section à laquelle le pupille appartient.

Une enquête précède la libération et détermine la situation et les intentions de la famille dont l'autorité est toujours associée, lorsqu'elle en est digne, aux efforts du personnel pour le relèvement de l'enfant.

Libération anticipée et libération définitive.

Le libéré n'est pas moins bien traité que son camarade de la colonie pénitentiaire. Comme lui, il reçoit un trousseau, un billet de chemin de fer avec secours de route pour se rendre à sa destination, un pécule et quelquefois un livret de caisse d'épargne.

La colonie a déjà libéré 167 pupilles dans les conditions ci-après :

	1908	1909	1910	1911
Libérés rapatriés dans leur famille	3	13	50	53
— confiés à une Société de patronage	0	0	1	2
Pupilles placés	0	1	6	11
— engagés dans l'armée	0	4	7	16
	3	18	64	82

Sont compris dans ces chiffres, comme rapatriés dans leurs familles ou remis à une Société de patronage :

1	pupille libéré provisoirement en	1908 ;
2	—	—	1909 ;
10	—	—	1910 ;
18	—	—	1911 .

Le tableau donne séparément le nombre de pupilles placés et de pupilles engagés dans l'armée. On remarquera, par rapport aux Douaires, combien est réduit le nombre des placés. Quelques-uns des essais de placement tentés n'ayant pas donné de bons résultats, l'Administration a cru devoir se montrer très prudente et remplacer, dans une certaine mesure, cette forme de libération anticipée par l'admission à la « section de récompense ».

La moyenne du pécule remis aux libérés était de 12 francs en 1908, de 14 francs en 1909 et de 24 francs en 1910, s'élevant d'année en année au fur et à mesure que s'organisait le travail dans la colonie nouvelle. Avec la création récente d'un atelier assurant un salaire à l'ouvrier à la section de récompense, le taux du pécule s'élèvera encore et sa transformation en livret d'épargne se généralisera.

En somme, la colonie correctionnelle ne constitue pas une institution bien distincte des autres établissements pour mineurs. Les 9 dixièmes des éléments qu'elle reçoit proviennent de la colonie pénitentiaire d'où ils sont éliminés pour indiscipline. Elle est à la colonie de premier degré ce que les bataillons d'infanterie légère sont aux corps de troupe, un exutoire.

Elle n'a pas de règlement propre. Elle tient moins son caractère sévère et sa force salutaire d'intimidation d'un régime coercitif rigoureux que de l'aspect impressionnant de ses murs d'enceinte et de ses ouvrages de défense, de la présence de sentinelles, du voisinage d'un poste militaire, de la vie claustrale que l'insubordonné y mène, du travail sédentaire qu'on lui impose, de l'alimentation plus frugale, de la surveillance plus étroite, des récompenses plus rares et d'une pression disciplinaire plus forte. Mais, son régime est strictement maintenu dans les limites fixées par le règlement de 1869 qui régit l'ensemble des établissements pour mineurs.

Complément nécessaire des colonies pénitentiaires, les colonies correctionnelles, dont la population augmentait lentement avec l'âge des mineurs envoyés en correction, ont vu récemment leur contingent s'accroître brusquement par la loi de 1906 qui élève à 18 ans la minorité pénale.

A l'égard de certains éléments de la criminalité juvénile qu'une perversité précoce, des instincts violents ou une passion trop vive de la vie errante rendent dangereux pour la population des colonies ou inaptes au régime libéral de ces établissements, la colonie correctionnelle peut seule assurer l'exécution des arrêts de justice prononçant l'envoi en correction.

Si elle ne réussit pas aussi souvent que la colonie pénitentiaire à « *élever* » suivant le terme du Code pénal, il faut reconnaître qu'elle s'acquitte toujours du premier devoir que le législateur lui a assigné en lui imposant l'obligation de *détenir*. Et, à ce point de vue étroit, elle a à remplir une tâche, sinon élevée, du moins très utile comme organe de défense et de protection.

I V

PATRONAGE

PATRONAGE

La colonie, comme on le voit, n'est pas une prison et le surveillant un gardien froid et impitoyable, indifférent au prisonnier dont il a la garde. Elle est réellement et dans la plus haute acception du terme — puisque la tâche y est hérissée de mille difficultés — une maison d'éducation, ou plutôt de rééducation, avec régime coercitif, gradué suivant l'âge des éléments qu'elle reçoit. C'est une école préparatoire à la vie sociale, chargée de réadapter, par des essais de classement, les dissociés précoces que sont la plupart des mineurs soumis à la correction. Si regrettable que soit l'agglomération d'éléments difficiles et pervers, avec tous les dangers de contagion qu'elle entraîne, la colonie est une nécessité. Après échec des autres modes de redressement connus, elle s'impose comme un moyen extrême de lutte contre cette criminalité juvénile dont les progrès sont aujourd'hui si inquiétants.

Ses procédés de réforme sont sévères, mais ils restent humains et paternels. Les rapports entre instituteurs et élèves, entre surveillants et surveillés ne ne sont pas ceux qu'on s'imagine. Il y a beaucoup de bienveillance indulgente et de sollicitude prévoyante d'un côté, de confiance, et parfois de reconnaissance de l'autre.

Tous les pupilles ne quittent pas la colonie au jour de la sortie avec la hâte fébrile et craintive que le détenu met à s'éloigner de la prison. Il en est beaucoup qui partent comme le soldat libéré rentre « dans ses foyers », avec la satisfaction de la dette acquittée, le plaisir de retrouver la liberté perdue et avec le souvenir aussi des bons moments passés, des amitiés nouées et des témoignages de sollicitude reçus.

La correspondance et les visites des « anciens » sont là qui dénotent combien les bons souvenirs restent vivaces et combien, après quelques mois d'éloignement, la colonie et son œuvre apparaissent sous un meilleur jour.

Le pupille, avons-nous dit, est comme le soldat ; l'un honnit la colonie, l'autre la caserne ; tous deux proclament leur hâte « d'en finir », par des inscriptions d'une éloquence brutale et uniforme ; mais, après quelques jours de liberté, dégrisés, ils en parlent toujours sans rancœur et non sans émotion et sans regrets. Ils évoquent sans amertume le souvenir d'un séjour qui les a marqués d'une forte empreinte, d'un séjour dont ils reconnaissent, après coup, la nécessité et l'influence déterminante sur leur destinée.

Cet état d'esprit des libérés facilite l'œuvre poursuivie par un Comité de patronage commun aux deux établissements des *Douaires* et de *Gaillon*. Son but est de prolonger, par une protection morale et matérielle — obligatoire pour les placés, facultative pour les engagés et les libérés à titre provisoire ou définitif — la tutelle administrative et de faciliter par des conseils, des directions, des encouragements, des secours et des placements, le classement des patronnés.

Avec le titre de vice-président (la présidence étant dévolue au préfet), le directeur assisté de ses principaux collaborateurs forme tout le Comité. L'autorité du chef d'établissement imposée à l'intérieur est accepté bénévolement à l'extérieur sous forme de tutelle volontaire. Son rôle de direction ne nuit en rien à sa mission de patronage. Ses deux fonctions concourent à un but unique; elles s'éclairent, se coordonnent et se complètent mutuellement. Le patronage est d'ailleurs à la colonie ce que certaines œuvres post-scolaires sont à l'école, l'un est le prolongement de l'éducation pénitentiaire, l'autre de l'éducation primaire.

Les ressources du Comité proviennent à peu près exclusivement d'une subvention annuelle de 4 à 5.000 francs accordée par le Ministère de la Justice et de dons faits par des visiteurs généreux.

En 1910, 3.253 fr. 55 seulement ont été dépensés ainsi qu'il suit :

	fr.	c.
Loyer et entretien d'un refuge	1.000	00
Vêtements et objets divers pour patronnés	341	00
Frais de rapatriement de patronnés	15	00
Secours et encouragements aux patronnés	1.710	40
Frais de correspondance	103	15
Frais d'administration	84	00
TOTAL	3.253	55

Ainsi qu'on le voit, le Comité entretient un refuge à la ferme de Launay, près de la colonie, refuge ouvert aux anciens pupilles de passage. Il offre un gîte provisoire aux militaires en convalescence ou en permission et aux civils à la recherche d'un emploi.

Sauf pour les soldats, le séjour y est généralement bref, le placement ne tardant pas à être procuré. Neuf patronnés seulement y ont fait, en 1910, un séjour de quelque durée. En 1909, un pupille libéré depuis une dizaine d'années, sans appui et sans famille, atteint d'une grave affection du cœur, venait solliciter les derniers soins et quelques jours de repos après une existence errante et misérable qu'il terminait bientôt au Refuge.

Hors du Refuge, l'intervention du Comité de patronage en faveur du libéré a un double caractère : elle encourage par des récompenses et vient en aide par des secours. Les placés méritants voient sanctionner leurs efforts par de petites gratifications de 1 ou 2 francs reçues du fonctionnaire visiteur (165 fr. ont été cette destination en 1910), et les militaires engagés ou appelés, qui donnent satisfaction à leurs chefs reçoivent un peu d'argent de poche, le « sou du soldat ». Les galons obtenus donnent lieu à des gratifications plus élevées.

Une somme de 1.037 fr. 15, en 306 mandats-postaux, est parvenue aux anciens pupilles sous les drapeaux la même année.

Comme secours matériels, le Comité offre le séjour du Refuge aux militaires en congé ; il procure un placement ou des vêtements de travail aux libérés du service. Il vient en aide également aux libérés civils, malades, victimes d'une grève ou d'un chômage, ou momentanément dans la gêne par suite de circonstances indépendantes de leur conduite, au moyen de secours en argent ou en vêtements. Il donne des secours plus élevés à l'occasion du mariage et des naissances. Il a été employé ainsi 508 fr. 25 en 1910.

Des prêts mêmes ont pu être consentis dans des circonstances exceptionnelles. Le dernier en date, le plus important, a été accordé à un ancien pupille, libéré depuis 12 ans, devenu chef de famille, d'une conduite irréprochable, et appelé, peu après son service militaire, à un emploi public résigné ensuite pour un emploi commercial plus lucratif. Il s'agissait pour lui de s'élever à la gérance en province d'une succursale d'une grande maison de Paris, offerte sous condition de verser le cautionnement d'usage. La somme prêtée (200 fr.) fut remboursée en quelques mois, bien avant le délai fixé : le tout à l'insu de la femme qui ignore encore le passé de son mari.

Sans faire aux libérés des deux colonies une situation de faveur, le Comité de patronage s'applique à soulager les misères imméritées et à seconder tous les efforts, même ceux des faibles qui se sont *accidentellement* écartés de la voie tracée.

Il aide les malheureux à lutter contre l'adversité, à lutter contre eux-mêmes surtout, et à se faire, dans la société, la place modeste à laquelle ils peuvent prétendre.

Là se borne l'ambition des éducateurs pénitentiaires.

TABLE

9 782329 600222